Hans Hopf

Abgründe

Spektakuläre Fälle aus dem Leben
eines Psychotherapeuten

Vierte, um ein neues Kapitel
erweiterte Auflage

Klett-Cotta

Klett-Cotta
www.klett-cotta.de
J. G. Cotta'sche Buchhandlung Nachfolger GmbH
Rotebühlstr. 77, 70178 Stuttgart
info@klett-cotta.de

© 2020/2025 by J. G. Cotta'sche Buchhandlung
Nachfolger GmbH, gegr. 1659, Stuttgart
Alle Rechte inklusive der Nutzung des Werkes für Text und
Data Mining i. S. v. § 44b UrhG vorbehalten
Cover: Bettina Herrmann, Stuttgart
unter Verwendung eines Fotos von © iStock/George Peters
Gesetzt von Eberl & Koesel Studio, Kempten
Gedruckt und gebunden von CPI – Clausen & Bosse, Leck
ISBN 978-3-608-98862-8
E-Book ISBN 978-3-608-12422-4
PDF-E-Book ISBN 978-3-608-20700-2

Vierte, um ein neues Kapitel ergänzte Auflage, 2025

Bibliografische Information der Deutschen Nationalbibliothek
Die Deutsche Nationalbibliothek verzeichnet diese Publikation in der
Deutschen Nationalbibliografie; detaillierte bibliografische Daten
sind im Internet über http://dnb.d-nb.de abrufbar.

Inhalt

Einleitung 7

1 Das letzte Gespräch mit einem Sterbenden 11
2 Meine Praxis wird umlagert 16
3 Ein Mädchen zwischen Vater und Therapeut 26
4 Petra will nicht sprechen 35
5 Gerhard, der Junge, der sich nach Liebe sehnte 43
6 Das Ferienhaus, die Darmgrippe und ein Traum 54
7 Ein ängstliches Kind 59
8 Teufelskreis Missbrauch 68
9 Von der unstillbaren Sehnsucht nach der Mutter 72
10 Der Abbruch: Bibelkreis statt Therapie 83
11 Anorexie – Die unheimliche Sucht 91
12 Was ist Wirklichkeit? 101
13 Die Schlinge um den Hals 110
14 An den Grenzen des Erträglichen – Kinder werden
   aggressiv 116
15 »Du packst die Pistole sofort weg« – Die Ohnmacht
   des Therapeuten 127
16 Gestank und Ekel 133
17 Ein Vater erpresst den Therapeuten 139
18 Wie ein böses Märchen – ein Blick in den Abgrund 146
19 Vom Opfer zum Täter – der unheimliche
   Wiederholungszwang 159

20	Gewalt und Aggression, oder: Auf der Suche nach einer besseren Familie	162
21	Der Junge, der sich wie eine Frau kleidete	173
22	Der Traum und der Tod	183
23	»Du kannst mich nicht verlassen, vorher töte ich Dich!« – Mörderische Partnerbeziehungen und narzisstische Wut	187

Literatur 201

Einleitung

In diesem Buch will ich aus meinem Leben als Psychotherapeut für Kinder und Jugendliche berichten. Es sind Geschichten, die anschaulich machen, an welchen Störungen Kinder erkranken können und wie Eltern an ihnen teilhaben können. Sie lassen aber auch deutlich werden, wie verschlungen und wie tragisch menschliche Schicksale mitunter sind. Zu ihrem Schutz habe ich Namen und Umstände verfremdet. Ich wollte hier keine Falldarstellungen niederschreiben, wie sie in psychoanalytischen Schriften üblich sind. Dies habe ich in mehr als vierzig Büchern gemacht, rechne ich jene dazu, für die ich einzelne Kapitel verfasst habe. Dort habe ich über fast alle Störungsbilder von Kindern und Jugendlichen sowie über psychotherapeutische Behandlungstechniken berichtet. In diesem Buch will ich erzählen, was ich therapeutisch erreichen konnte und auch, woran ich gescheitert bin. Es sind Geschichten, die sich mir eingegraben haben, die ich nicht mehr vergessen kann. Gleichzeitig möchte ich ein Loblied auf die heutzutage vielgeschmähte Psychoanalyse singen, die nicht nur Grundlage meines therapeutischen Handelns ist. Sie ist zu einem Teil meines Lebens und meiner Seele geworden.

Als ich vor dem Abitur stand, wollte ich entweder Medizin oder Chemie studieren. Meine Eltern waren jedoch sehr arm. Lange Jahre waren wir auf der Flucht gewesen und hatten an vielen Orten und in Flüchtlingslagern gelebt. Mein Vater war kriegsverletzt und traumatisiert aus dem Krieg und der Gefangenschaft zurückgekehrt und hatte tapfer bis zur Rente gearbeitet. Ich hatte bei der BASF angefragt, das Unternehmen hätte mir wegen meiner Eins in Chemie das Studium bis zum Vordiplom finanziert. Aber damals fehlte mir die Kraft. Ich litt unter Traumafolgestörungen; Krieg, Vertreibung und ein unstetes Leben hatten bei mir tiefe Spuren hinterlassen. Stattdessen studierte ich Lehramt an der Pädagogischen Hochschule mit den Hauptfächern Mathematik und Physik. Das damals nur viersemestrige Studium konnte ich finanziell mit einem Stipendium und regelmäßiger eigener Arbeit bewältigen.

Die Symptome meiner Traumatisierungen wurden schließlich so unerträglich, dass ich noch während des Studiums mit einer psychotherapeutischen Behandlung begann. Bereits als Schüler und auch während des Pädagogikstudiums hatte ich einige Werke der Psychoanalyse und der Jung'schen Analytischen Psychologie gelesen. An erster Stelle die »Traumdeutung« von Sigmund Freud, die ich mehrere Male gelesen habe. »Antwort auf Hiob«, ein religionspsychologisches Buch, war meine erste Lektüre von C. G. Jung. Mit der Kinderpsychotherapie kam ich erstmals in Kontakt über das Buch von Hans Zulliger »Heilende Kräfte im kindlichen Spiel«. Als ich meine Analyse bei dem kriegsblinden Psychotherapeuten Gerhard Greulich begann, besaß ich einige wenige Vorkenntnisse. Mein Therapeut eröffnete mir von Anfang an eine neue Welt, die des Unbewussten. Dies geschah über sein therapeutisches Handeln, aber auch indem er mich anregte, wichtige Werke zu lesen. Ich erfuhr die Kunst der Traumdeutung, begriff die Bedeutung von Assoziationen. Ich tauchte ein in die faszinierende Welt von Symbolen, Mythen und Märchen, las Werke von Freud und Jung, aber auch von Philosophen. Inzwischen war ich als Lehrer tätig und lernte den schwierigen Alltag von Lehren und Erziehen kennen in Klassen von bis zu 56 Schülerinnen und Schülern. Mir begegneten die ersten Kinder mit schwerwiegenden Problemen und Störungen. Mit meinem Psychotherapeuten konnte ich über diese bedauernswerten Kinder sprechen, entdeckte und begriff die psychodynamischen Zusammenhänge, welche die Störungen verursachten.

Ich stellte damals fest, dass eine gute Pädagogik immer mit psychoanalytischem Verstehen unterfüttert sein sollte. Gerhard Greulich vermittelte mir, dass ich eine große Begabung für psychoanalytisches Verstehen habe, und ermunterte mich, eine psychoanalytische Ausbildung zu beginnen. So bewarb ich mich an der Stuttgarter Akademie für Tiefenpsychologie und Psychotherapie und wurde angenommen. Nach meinem Lehrerstudium, erster und zweiter Dienstprüfung, saß ich nun wieder in Vorlesungen und Seminaren, studierte Freud und seine Nachfolger sowie die Lehren C. G. Jungs. Ich begann eine Lehranalyse bei Dr. Vera Scheffen, Mitglied der Deutschen Psychoanalytischen Vereinigung (DPV) und konnte dabei meine Kenntnisse erweitern und vertiefen. Sie arbeitete nach klassischer psychoanalytischer Methode an Übertragungen. Ich lag auf der Couch und regredierte in meine frühesten Verhältnisse. Meine Lehranalytikerin vermittelte mir die Bedeutung der Regression für die Therapie, wie sie Ferenczi und Balint entdeckt hatten. Vera Scheffen gehört zu den bedeutendsten Frauen, die mir begegnet sind und die mich geprägt haben. Die entscheidenden Grundlagen für mein Verständnis von Kinderpsychotherapie wurden von Anna Freud, Melanie Klein, Donald Winnicott und Wilfred Bion gelegt. Am Institut waren Jacques Berna, der bei Anna Freud studiert hatte, Jutta von Graevenitz, Ursula Laessig, Hans Schmid und Rosemarie Glantz meine herausragenden Lehrer. Beeindruckt haben mich Otto Kernberg und Leon Wurmser, bei ihnen habe ich regelmäßig Vorlesungen in Lindau gehört. Mein großes Vorbild ist bis heute Horst Eberhard Richter. Als er einmal einen Artikel von mir gelesen hatte, rief er mich an und wir haben zwei Stunden miteinander gesprochen.

Das Psychoanalytische Institut Stuttgart, wie es heute heißt, habe ich nie verlassen. Ich wurde Vorstand, Dozent und Supervisor – bis heute. Vielleicht ist es ein kleiner Ansporn für andere seelisch leidende Menschen, niemals zu resignieren: An jenem Institut, an dessen Ambulanz ich einst um einen Psychotherapieplatz angefragt hatte, bin ich inzwischen Ehrenmitglied.

Bis heute habe ich viele Hundert ambulante Psychotherapien in eigener Praxis durchgeführt, acht Jahre lang war ich Therapeutischer Leiter des psychotherapeutischen Kinderheims »Osterhof«. Dort bin ich vielen Kindern mit schweren Störungen begegnet.

In den 1980er Jahren habe ich Medizinische Psychologie, Physiologie und Psychiatrie studiert und als Doktor der Theoretischen Medizin abgeschlossen. Mein verstorbener Doktorvater Professor Helmut Enke hat mich gefördert, wo immer er konnte. In das Geleitwort eines meiner Bücher schrieb er 2004: »Als sein ›Doktorvater‹ bin ich bis heute ungebrochen stolz auf diesen Doktoranden«.

Die Geschichten dieses Buches sind durchweg sehr eindringlich, manche auch belastend. Zwei erfahrene Kolleginnen haben sie gelesen und hilfreich kommentiert, Sigrid Barthlott-Bregler und Hildegard Linge, selbstverständlich auch meine Frau Gisela. Dr. Heinz Beyer, der herausragende Lektor, hat mich – wie immer – bei diesem Buch begleitet und wertvolle Unterstützung geleistet. Frau Rosel Müller hat die Texte wie immer perfekt lektoriert. Ich danke allen von Herzen.

Bei aller Genugtuung über manche Heilungserfolge und Begeisterung für die Psychoanalyse ist ein Psychotherapeut auch grenzenlosem Leiden, unerträglichen Spannungen, Aggressionen und Angriffen von verschiedenen Seiten ausgesetzt, manchmal regelrecht ausgeliefert. Ich werde immer wieder gefragt, wie man das über so viele Jahre aushalten kann. Meine Antwort darauf ist einfach: Man braucht eine Partnerin, die alles mitträgt und erträgt, und es braucht eine Familie, in der man nichts anderes ist als ein einfacher Vater. So danke ich an dieser Stelle einmal mehr meiner standhaften und liebevollen Frau Gisela, die alles mit mir durchgestanden hat.

1
Das letzte Gespräch mit einem Sterbenden

An einem Ostermontag rief eine mir unbekannte Frau an. Der brüchigen Stimme nach war sie wohl schon älter. Sie entschuldigte sich vielmals, dass sie an einem Feiertag stören würde. Ihr Mann läge im Sterben und wollte noch einmal mit seinem ehemaligen Psychotherapeuten sprechen. Zu ihrem Kummer habe sie gehört, dass dieser mittlerweile verstorben sei. Die verwitwete Ehefrau hatte auf mich verwiesen, weil ich damals viele seiner Patienten übernommen habe. Spontan spürte ich den Impuls, sofort loszufahren, fühlte aber andererseits die Verpflichtung, bei meinen Gästen zu bleiben. An Feiertagen pflegten immer alle Kinder, in späteren Jahren mit Partnerinnen und Partnern zu uns nach Hause zu kommen. Für alle waren es besondere Stunden, wenn wir uns bei gutem Essen und Trinken begegneten, austauschten und wieder Familie waren. Darum vereinbarte ich mit der Frau, dass ich am nächsten Morgen gegen 10 Uhr kommen würde. Sie akzeptierte das freudig, weil ich immerhin zugesagt hatte.

Ich schlief jene Nacht unruhig. Ich musste fortwährend an den alten Mann denken, der da irgendwo lag, der sterben wollte, es aber nicht konnte, weil er noch etwas sagen wollte. Ich wachte früh auf und fuhr zur angegebenen Adresse. Mit dem Auto war es etwa eine halbe Stunde entfernt von meinem Wohnort zu erreichen. Es war ein wunderschöner Morgen im April, wegen der Osterferien herrschte nur wenig Verkehr. Das Haus, das mir die Frau am Telefon beschrieben hatte, lag auf einem kleinen Hügel, eine Treppe führte hinauf. Es war ein schmuckes Einfamilienhaus, wohl in den Siebzigerjahren erbaut, mit einem Gärtlein drum herum. Ich schaute nach einem Parkplatz, da sah ich einen Notarztwagen. Ich erschrak und spürte heftige Gewissensbisse. Wäre ich doch meinem ersten Impuls gefolgt! Meine Gewissensqualen verschärften sich, als ich sah, wie Arzt und Rettungssanitäter, wie mir schien, resigniert die Treppe herunterkamen. Erst jetzt erkannte ich, dass ein zweites Auto hinter dem Notarztwagen parkte – es war ein schwarzer Leichenwagen.

Nun fühlte ich mich schuldig. Warum war ich nicht spontan losgefahren und hatte mit dem alten Mann gesprochen? Gewiss hätte er leichter sterben können. Ich saß wie erstarrt in meinem Auto und überlegte. Sollte ich dennoch ins Haus gehen und der Frau mein Beileid aussprechen? Ich zögerte. Ich verspürte Skrupel, in ihre traurigen Augen zu sehen. Hatte ich doch meinen Auftrag aus egoistischen Motiven nicht erfüllt. In dieser Verfassung wartete ich etwa eine Viertelstunde. Dann entschied ich, der trauernden Frau mein Beileid auszusprechen, samt Bekenntnis meiner Schuld. Auch wollte ich von dem verstorbenen Mann Abschied nehmen und auch ihn um Verzeihung bitten. Also lief ich die Treppe hinauf. Ohne zu läuten, trat ich ein. Dunkel gekleidete Mitarbeiter des Beerdigungsinstitutes standen im Raum vor der Totenbahre, auf der der Leichnam ruhte, ehe er eingesargt werden sollte. Die Frau, die mich angerufen hatte, war nicht zu sehen. Also trat ich an die Bahre, um wenigstens den verstorbenen Mann zu sehen. Aber da lag eine alte Frau mit geschlossenen Augen. Jeder kennt solche Momente, in denen man glaubt, die Wahrnehmung sei gestört und man erlebe die Wirklichkeit wie einen Traum. Endlich nahm ich zur Kenntnis, dass nicht der Mann gestorben war, sondern seine Frau, die mich hergebeten hatte.

Ich weiß nicht, ob ich deutlich machen kann, wie groß mein damaliges Entsetzen war. Jemand sagte mir, sie sei kerngesund gewesen. Gestern Abend sei sie frohgemut ins Bett gegangen, und heute Morgen habe man sie tot aufgefunden. Ich versuchte, die Zusammenhänge für mich zu klären. Hatte die Frau den letzten Wunsch ihres Mannes erfüllt, um selbst ruhig abtreten zu können? Jetzt wurde mir auch klar, dass ich ihren Wunsch konsequent erfüllen musste. Ich fragte den anwesenden Sohn, ob ich mit dem Vater reden dürfe. Er wusste, dass dieser mit mir sprechen wollte und auch, dass seine Mutter mich angerufen hatte. Er führte mich in das Zimmer des Vaters. Der alte Mann lag in seinem Bett und lächelte mich glücklich an. Seine Frau hatte ihm nach unserem Telefonat gesagt, dass ich kommen würde. Darauf hatte er den ganzen Morgen gewartet. Vom Tod seiner Frau wusste er nichts. Man hatte es bisher nicht übers Herz gebracht, diese Nachricht dem alten, kranken Mann zu überbringen. Mir war klar, dass ich es ihm jetzt auch nicht sagen würde. Das war Sache und Pflicht seines Sohnes. Ich nahm mir einen bereitstehenden Stuhl, auf dem wahrscheinlich meist die Ehefrau am Bett gesessen hatte und stellte mich als Freund und einstiger Schüler seines verstorbenen Psychotherapeuten vor.

Das Lächeln des Mannes wurde geradezu selig. Bei ihm habe er unfasslich bedeutsame Stunden erlebt. Schreckliche Albträume hätten ihn damals gequält. Mit seinem Therapeuten konnte er über schlimme Geschehnisse im Krieg, über die schrecklichen Erfahrungen aus der Gefangenschaft und über die Nöte der Nachkriegszeiten sprechen. Der Psychotherapeut, schwer verletzter Kriegsteilnehmer, habe ihn stets verstanden. Er hatte das Gefühl, als würde dieser seine damaligen Ängste, Scham und Schuld in sich aufnehmen und mit ihm verdauen. Er erzählte vom guten Leben mit seiner Frau, von den Kindern, von seinem Beruf und wurde schließlich immer leiser. Dann schlief er ein. Ich blieb noch etwa eine Viertelstunde bei dem schlafenden Mann am Bett sitzen.

Schließlich entfernte ich mich leise und verabschiedete mich vom weinenden Sohn.

Mich hat immer interessiert und fasziniert, was eine Paarbeziehung lebenslang aufrechterhält. Wie sie sich verändert und wie sich im Alter, wenn aufgrund von Hilflosigkeit auch Abhängigkeiten entstehen, neue Qualitäten entwickeln können. Im Mittelpunkt steht jedoch die Frage, was das Unbewusste eines Menschen alles erfassen kann und wie es mit einem nahestehenden Menschen korrespondieren kann.

Während meines gesamten Psychotherapeutendaseins bin ich von vielen Menschen aus ganz Deutschland kontaktiert worden. Später, als ich einige Bücher veröffentlicht hatte, häuften sich die Anfragen, schriftlich oder telefonisch. Es war nicht immer leicht, alle zu beantworten, zumal einige von einem herrischen und fordernden Ton begleitet wurden. Bis heute habe ich mich bemüht, alle Fragen zu beantworten. Immer stand viel Leid im Hintergrund. Untätig zu bleiben, hätte mir ein schlechtes Gewissen bereitet.

Ich kam sehr betroffen nach Hause und erzählte meiner Frau von dem verstörenden Erlebnis. Ich weiß nicht, was geschehen wäre, hätte ich meinen spontanen Eingebungen nachgegeben und wäre sofort gefahren. Was hatte meine Zusage, mit ihrem Mann zu sprechen, wohl bei der Frau ausgelöst? Wusste sie jetzt ihren Mann versorgt? Konnte sie von nun an selbst ihren unbewussten Wünschen nachgeben, loszulassen? Ich versuchte, die Szene, die ich morgens vorgefunden hatte, zu verstehen. Ich vermute, dass die Frau endlich sterben konnte, nachdem sie wusste, auch ihr Mann werde in Ruhe sterben.

Über noch etwas anderes hat mich diese Geschichte nachdenken lassen, über die Qualitäten langjähriger Beziehungen. Warum fällt unsere Zuneigung auf bestimmte Personen? In früher Kindheit lernen wir, uns zu verlieben. Verlieben wir uns dann später in einen Partner, werden wir wahrscheinlich unbewusst an Menschen erinnert, die uns viel bedeutet haben. Dabei werden Erinnerungen aus frühester Jugend, Eindrücke, Gefühle und Beziehungen wirksam. Diese Empfindungen können wir auf bislang unbekannte Personen »übertragen«. Dabei mag es bedeutungsvoll sein, dass sie den Personen unserer Kindheit so ähnlich, aber auch so unähnlich wie möglich sein können. Der Rausch der Verliebtheit sollte im späteren Leben in eine dauerhafte, tiefe Liebe übergehen. In einer langen Beziehung nähern sich Mann und Frau einander an und können schließlich die Wünsche des anderen erfühlen.

Es war so, als sei ich Zeuge und Beteiligter der Zusammenfassung einer Liebes- und Lebensbeziehung geworden! In der letzten Handlung der Ehefrau wurde das Wesentliche des Lebens zusammengefasst. Beide waren danach frei: Die Frau in meiner Geschichte hatte offensichtlich gespürt, dass sie erst gehen konnte, nachdem sie den Wunsch ihres Mannes erfüllt hatte. Als sie ihm den letzten Liebesdienst erfüllt hatte, konnte sie sterben. In der Tat ist ihr der Ehemann wenige Tage später nachgefolgt.

2
Meine Praxis wird umlagert

Ich will vom Schicksal des türkischen Mädchens Selda berichten. Keine Zeitung hat darüber berichtet, die Ereignisse waren nicht spektakulär genug. Ich bin mir aber sicher, dass ihr Schicksal stellvertretend für das von vielen gleichaltrigen türkischen Mädchen steht, damals wie heute.

Alles begann damit, dass mich Selda eines Tages anrief. Meine Adresse hatte sie im Telefonbuch gefunden. Ob ich etwas von seelischen Schwierigkeiten bei Jugendlichen verstehen würde. Und ob ich einer wäre, mit dem man auch reden könne und der nicht gleich Spritzen geben würde. Wir vereinbarten den Termin für ein Gespräch. Schon am Telefon beschwor mich Selda, dass ihre Eltern nichts davon erfahren dürften.

Selda kommt pünktlich zur vereinbarten Stunde, obwohl sie zehn Kilometer entfernt in einem kleinen Dorf lebt. Ihre erwachsene Schwester hat sie mit dem Auto hergefahren. Das Mädchen ist 16 Jahre alt, wirkt sehr schmächtig, braune Haare, große braune Augen, verhärmte, ja versteinerte Gesichtszüge. Nach anfänglichem Zögern bricht es eruptiv aus dem Mädchen heraus. Es spricht erstaunlich differenziert, reflektierend, andererseits stark emotional und anklagend, oft von lautem Weinen unterbrochen. Selda ist das jüngste von sieben Geschwistern, zwei Schwestern, vier Brüder. In Deutschland geboren, ein Opfer des sogenannten Babyexports: Direkt nach der Geburt kam sie zu Verwandten in die Türkei und sah die Eltern nur einmal im Jahr. Mit acht Jahren wurde sie zur Familie nach Deutschland geholt. Bis dahin konnte sie kein Wort deutsch – ein fremdes Kind kam zu fremden Eltern. Schnell erlernte das intelligente Mädchen die deutsche Sprache, lernte leicht und eifrig und gehörte bald zum oberen Drittel ihrer Klasse.

Jetzt, in der neunten Klasse, ist Selda sogar beste Schülerin – Deutsch und Mathematik »sehr gut« – und beabsichtigt eine höhere Handelsschule zu besuchen. Alles könnte so schön sein, sie habe deutsche Freundinnen, sei heimlich in einen deutschen Jungen verliebt, wenn nicht die Eltern wären. Die würden ständig alles zerstören, was für sie wichtig, liebens- und lebenswert sei. Insbesondere die Mutter sei eine »alte Hexe«. Weil sie eng mit deutschen Mädchen befreundet sei, sich ebenso kleiden wolle und an allem Gefallen finde, werde sie von ihr als »deutsche Hure« beschimpft. Sie dürfe keine westliche Musik hören, sich nicht mit ihren deutschen Freundinnen treffen, müsse immer zu Hause bleiben. Gelinge es ihr gelegentlich, die elterlichen Verbote zu umgehen, würden die vier großen Brüder als Spitzel eingesetzt. Einmal hatte die Klasse einen Aufenthalt im Schullandheim geplant: Vierzehn Tage Freiheit, ohne das verhasste strenge Reglement der Eltern!

Vierzehn Tage Zusammensein mit ihren Freundinnen! Als die Eltern davon erfahren, verbieten sie die Teilnahme entschieden. Selda kann es nicht glauben. Ihr Klassenlehrer spricht mit dem Vater. Dieser bleibt hart und unzugänglich. Die Rektorin der Schule versucht es ebenfalls, aber der Vater droht mit Anzeige, wenn sich die Lehrer nicht aus seinen Familienangelegenheiten heraushielten! Einen Teil des Geldes hat Selda bereits angezahlt, die Schwester hat es ihr gegeben. Am Tag vor der Abreise hat sie alles gepackt, hofft immer noch, die Eltern umstimmen zu können. Am nächsten Morgen ist ihr Zimmer von außen abgeschlossen. Selda weint, schreit, trommelt gegen die Wände. Mittags öffnet die Mutter die Tür, die Klasse ist längst abgefahren. Am selben Tag erkrankt Selda an einer Entzündung der Ovarien. Sie sagt, seither sei der Rest von Zuneigung zu den Eltern gestorben.

In den achtziger Jahren lebten in Deutschland 520 400 Einwohnerinnen und Einwohner türkischer Herkunft. Offizielle Daten aus dem Jahr 2017 beziffern die Zahl der türkischen Staatsbürger in Deutschland mit 1,48 Millionen, es gibt rund 360 000 türkische Schüler, die meisten an Grund- und Hauptschulen (245 000). Ruth Herrmann hatte schon 1978 in »DIE ZEIT« beschrieben, was sich hinter diesen Zahlen auch verbirgt: »Und ganz am Rande der Randgruppe existieren ihre Kinder, die ja niemand gerufen hat, die dem Gastland keinen materiellen Nutzen bringen, im Gegenteil Kosten und Probleme. Isoliert, diskriminiert, in allem gegenüber den deutschen Kindern benachteiligt, existieren sie nicht nur hinter sprachlichen Barrieren«. Und: »Weit stärker als deutsche Kinder haben sie unter Infektionskrankheiten zu leiden, unter Krankheiten der Atemwege und Durchfallkrankheiten. Ihr Morbiditätsrisiko ist dreimal so hoch, die Sterblichkeitsrate über dem Durchschnitt. Weit häufiger als unsere Kinder erleiden sie Unfälle«. Was sich als körperliche Symptomatik manifestiert, ist vor allem Ausdruck des beträchtlichen psychischen Leidens dieser Kinder.

Ein zentraler Konflikt der Adoleszenz ist, dass sich Jugendliche nicht nur aus den familiären Bindungen zu lösen versuchen, sondern dass die elterlichen Ideale und Moralvorstellungen, die das Kind einst in sich aufgenommen hatte, tiefgreifend erschüttert werden. Die Jugendlichen müssen neue Wege suchen.

Aber wer kann ausreichend mitfühlen und ermessen, was ein türkisches Mädchen mit beginnender Pubertät an Konflikten und seelischen Belastungen durchstehen muss, wenn muslimische Ideale und Wertvorstellungen mit den Verhaltensmustern einer Industriegesellschaft kollidieren? Damals wie heute? In vielen türkischen Familien hat sich bis heute nur wenig geändert. Ein türkisches Mädchen sieht bei seinen deutschen Altersgenossinnen alle Freiheiten. Es wird doppelt hart mit den moralischen Vorstellungen und Idealen ihrer Eltern konfrontiert. Die entstehenden adoleszenten Krisen können das Ausmaß von Katastrophen bekommen. Einmal sagte ein 14-jähriges türkisches Mädchen zu mir: »Wenn ich mich mal wie eine Deutsche anziehen will, etwa Jeans und ein Top, dann sagt meine Mutter gleich vorwurfsvoll: »Willst Du auch wie Deutsche werden...«

Ich will zu Selda zurückkehren. Vorbild ist ihr die 25-jährige Schwester. Sie lebt zusammen mit ihrem gleichaltrigen Freund, die Familie hat sie verstoßen. Nie mehr möchte sie in die Türkei zurück. Selda erzählt von Paniken, die sie blitzartig überfallen, von erschreckenden Traumbildern und dem Wunsch, endlich Ruhe finden zu können. Entweder werde ihr endlich geholfen oder sie werde sich umbringen. Die Klasse plant derzeit eine mehrtägige Berlinreise, und sie dürfe wieder nicht mit. Ob ich nicht mit dem Vater sprechen könne, vielleicht würde er auf mich hören, wenn er vom Ernst der Situation erfahren würde. Er habe seine Tochter eigentlich gern, werde aber ständig von der Mutter aufgehetzt.

Tatsächlich zeigt Selda alle Symptome einer schweren depressiven Episode. Wie bei allen Jugendlichen ihres Alters haben die elterlichen Leitbilder mit beginnender Pubertät an Gültigkeit verloren. Doch mit welcher Dynamik hat sich dieses Mädchen innerseelisch von den elterlichen Moralbegriffen und dem islamischen Erbe gelöst. Ein geringer äußerer Anlass kann jederzeit das Fass mit Emotionen zum Überlaufen bringen. Die Gefahr ist groß, dass das Mädchen versuchen könnte, kurzschlussartig mit Scheinlösungen den Konflikt zu bewältigen – dass es wegläuft oder sich selbst zu töten versucht. Es besteht immer ein enger Zusammenhang zwischen Weglaufen und Suizid: Kinder und Jugendliche, die weglaufen, sind immer auch suizidgefährdet. Nicht so, dass sie etwa Suizid verübten, wenn sie wieder nach Hause müssten, sondern sie bewahren die Selbsttötung als letzte Möglichkeit. Suizidversuch und Weglaufen sind Symptome einer Flucht vor nicht lösbaren Konflikten.

Therapeutische Maßnahmen greifen nur, wenn die Eltern erreicht werden. Ich schreibe also dem Vater einen Brief, in dem ich die ernste seelische Verfassung seiner Tochter beschreibe und einen Termin für ein Gespräch vorschlage. Am Tag des geplanten Gesprächs ruft mich Selda voller Angst an: Die Mutter habe den Brief heimlich geöffnet und irrtümlicherweise angenommen, Selda habe sich beim Jugendamt über die Eltern beschwert. Sie hat wahrscheinlich »Jugendlichen-Psychotherapeut« mit »Jugendamt« verwechselt. Die Brüder seien schon unterwegs zu mir. Ich dürfe aber um Gotteswillen nicht verraten, dass sie bei mir angerufen hat.

Tatsächlich stehen wenig später drei türkische Männer mit finsteren Gesichtern vor dem Haus. Der Vater habe sie beauftragt, mir etwas mitzuteilen. Zu der von mir vorgeschlagenen Zeit, 20 Uhr, könne er nicht kommen, da müsse er arbeiten. Außerdem wolle er nicht mehr mit Briefen belästigt werden und wolle vor allem nichts mit dem Jugendamt zu tun haben. Ich bin mitten in einer Therapiestunde und sage, dass ich nicht das Jugendamt sei. Doch ich hätte festgestellt, dass ihre Schwester ernsthaft seelisch gefährdet sei und dringend therapeutische Hilfe bräuchte. Nur darüber hätte ich mit dem Vater reden wollen. Und dann sagte ich sehr ernst: Wenn Selda etwas zustoße, hätten die Eltern und die Brüder die Verantwortung zu tragen. Ich sagte das ganz bewusst so unmissverständlich, in der Hoffnung, Eltern und Brüder umstimmen zu können. Tatsächlich verlieren die türkischen Männer etwas von ihrem misstrauischen Gesichtsausdruck, erschrecken sichtlich, sagen jedoch nichts und fahren grußlos weg.

Für mich gibt es nicht viele Möglichkeiten, Selda zu schützen, ich bin 10 km vom Wohnort des Mädchens entfernt. Ich schreibe dem Klassenlehrer des Mädchens einen Brief und telefoniere mit der Rektorin. Ich bitte sie, Kontakt zu den Eltern zu suchen und in den nächsten Wochen auf Selda zu achten. Vier Wochen später ruft mich Selda wieder an. Es sei ganz dringend. Ob sie noch am gleichen Nachmittag in meine Praxis kommen könne. Das geht nicht so einfach, alle Termine sind längst verplant. Es müsse aber sein, es ginge um Entscheidendes. Ich sage Selda zu, dass sie in einer 10-Minuten Pause kommen dürfe, allerdings müsse sie pünktlich sein.

Als es läutet, stehen nicht nur Selda, sondern ein blondes deutsches Mädchen und eine etwa 40-jährige Frau vor der Tür. An ähnliche Überraschungen bin ich gewohnt, also bitte ich alle drei in mein Sprechzimmer. Selda druckst verlegen herum und sagt schließlich: »Ich bin von zu Hause weggelaufen. Weil mich meine Brüder bei meiner Schwester zuerst gesucht hätten, und weil ich nicht wusste wohin, bin ich gestern Abend um neun Uhr zu meiner Freundin Gabi. Ihre Mutter hat mich übernachten lassen. Heute Morgen haben wir nicht mehr weiter gewusst. Ich habe gesagt und dabei bleibe ich, zu meinen Eltern kehre ich nie mehr zurück!« Selda klammert sich an ihre Freundin und weint hemmungslos. Gabis Mutter ist eine tatkräftige und einfühlsame Frau. Sie versteht, dass Selda Angst vor den Eltern hat und nicht mehr zurück will. Andererseits hätten Seldas Eltern gestern Abend – noch bevor das Mädchen zu ihnen gekommen sei – angerufen und gefragt, ob sie wüsste, wo das Mädchen sei. Auch Gabi sei heute Morgen in der Schule befragt worden, ob sie eine Ahnung habe, wo sich Selda versteckt haben könnte. Bei allen herrschte die Angst vor, dass sich das Mädchen in seiner labilen Verfassung etwas antun könnte. Es muss also etwas geschehen. Darum hätten sie ihre ganze Hoffnung darauf gesetzt, dass ich eine Lösung weiß.

Damit hatte man mir die Rolle eines allmächtigen Konfliktlösers zugewiesen. Ich frage zunächst nach Seldas Eltern. Wohl oder übel müssen sie als erstes über den Verbleib des Mädchens informiert werden. Aus Erfahrung weiß ich, dass türkische Eltern zunächst selber mit Verwandten und Freunden nach verschwundenen Kindern suchen, ehe sie die Polizei einschalten. Ich bin mir sogar sicher, dass sie über Seldas Aufenthaltsort Bescheid wissen. Mittlerweile ist es 16 Uhr, mein nächster Patient wartet bereits. In diesem Moment summt meine Sprechanlage. Meine Frau teilt mir mit, dass vor dem Haus ein türkisches Ehepaar und etwa zehn männliche Türken stünden. Alle mit reichlich finsteren Gesichtern. Seldas Eltern sind noch früher eingetroffen als erwartet. Von jetzt an überstürzen sich die Ereignisse. Ich teile den Anwesenden im Praxiszimmer mit, dass Seldas Eltern bereits da seien. Selda schreit laut und umklammert Gabi. Nie mehr ginge sie zu den Eltern, vorher würde sie sich umbringen. Ich versuche, sie zu beruhigen und verspreche, ich würde versuchen, dass sie zunächst bei Gabi bleiben dürfe. Ich müsse aber mit den Eltern sprechen, ansonsten müsse ich mit einer Anzeige rechnen. Mit mulmigem Gefühl trete ich also vor die Haustür und stehe zwölf wütenden Menschen gegenüber. Ich bitte die Eltern in mein Sprechzimmer.

Dort versuche ich auf sie einzugehen, ins Gespräch zu kommen, aber es ist unmöglich. Selda müsse sofort mit ihnen gehen. Das verweigere ich, alle seien viel zu erregt. Ich kann es nicht verantworten. Und Selda will auf keinen Fall mit. Ich sage jetzt, dass Selda sehr gefährdet sei, seelisch krank. Der Vater schreit: »Wenn krank, dann Krankenhaus! Jetzt mit – oder Polizei!« Er springt auf, packt seine Frau beim Arm. Sie rennen raus und fahren mit dem Auto weg. Ein paar Türken warten weiterhin vor meinem Haus. Selda schluchzt laut, sie fürchtet die grausamen Schläge der Brüder.

Jetzt bin ich im Zugzwang, denn in kürzester Zeit wird ein Streifenwagen der Polizei eintreffen. Ich rufe die zuständige Polizeistation an, finde einen Beamten, der sich den Fall schildern lässt. Tatsächlich haben Seldas Eltern bereits die Polizei angerufen und mich angezeigt, dass ich gegen ihren Willen die Tochter festhalte. Der Streifenwagen wird zurückbeordert. Zwar glaubt die Polizei auch, dass dringend Hilfe vonnöten sei, um Schlimmes zu verhüten. Aber noch gebe es für die Polizei keinen Anlass einzugreifen. Der Polizist empfiehlt mir, mich mit dem zuständigen Jugendamt in Verbindung zu setzen. Er gibt mir allerdings zu verstehen, dass die

Bereitschaft zur Mitarbeit wahrscheinlich nur gering sein werde. Trotzdem rufe ich dort an. Die zuständige Beamtin hat Urlaub. Ich rufe bei ihr zu Hause an. Empörung des Ehemanns, dass seine Frau sogar an ihrem freien Tag belästigt werde. Wieder Anruf beim Jugendamt, wer denn die Vertretung habe. Mittlerweile ist es kurz vor 17 Uhr. Der Stellvertreter, den ich endlich erreiche, ist ungehalten. Gerade will er Feierabend machen. Ich beziehe mich auf mein Telefonat mit der Polizei und mache ihm deutlich, dass er die Verantwortung dafür trage, sollte Schlimmeres geschehen. Das wirkt offensichtlich. Der Sozialarbeiter erklärt sich bereit, zu Seldas Eltern zu fahren und mit ihnen zu sprechen. Er will erreichen, dass das Mädchen vorerst bei seiner Freundin Gabi bleiben darf. Ich ringe ihm das Versprechen ab, so lange in der Familie zu bleiben, bis wirklich alles geklärt ist.

Ich teile den Wartenden das Ergebnis mit. Sie haben meine Telefonate mit angstvoller Hoffnung verfolgt: Jubel bei Selda und Gabi, Erleichterung bei Gabis Mutter. Ich vereinbare mit ihr, dass ich gegen 21 Uhr bei ihr anrufen werde, um ich über den weiteren Verlauf zu erkundigen. Alle gehen jetzt. Drei Patienten, die zur vereinbarten Therapiestunde gekommen waren, habe ich – mit schlechtem Gewissen – wegschicken müssen. Ich rufe nochmals bei der Polizei an, um den weiteren Verlauf mitzuteilen. Der Beamte wird zu späterer Zeit einen Streifenwagen bei Seldas Familie vorbeischicken, falls es doch noch Schwierigkeiten geben sollte.

Erleichterung jetzt auch bei mir. Gabis Mutter teilt mir abends mit, dass Seldas Eltern tatsächlich die Vorschläge des Vertreters vom Jugendamt akzeptiert haben: Bis morgen dürfe Selda erst einmal bei ihnen bleiben. Dann werde man neu entscheiden.

Zwei Tage später, Anruf. Es ist die nahegelegene psychiatrische Klinik, Abteilung für Kinder- und Jugendpsychiatrie. Eine Stationsärztin ist am Telefon. Es ginge um eine gewisse Selda P., diese habe gebeten, mich anzurufen. Sie wäre heute mit unklarer Diagnose bei ihnen eingewiesen worden: Neigung zum Streunen, Verwahrlosung, Suizidabsichten. Ich glaube schreien zu müssen vor Wut und Enttäuschung. Wie konnte das geschehen? Ich will wissen, wer das Mädchen eingewiesen hat. Es war der türkische Hausarzt des Mädchens, auf Wunsch der Eltern und ohne Rücksprache mit mir. Ich frage, was nun mit Selda geschehen werde. Das wisse man noch nicht, es hänge vom Ergebnis der Untersuchungen ab. Die Ärztin verspricht, mich zu informieren. Ärger und Enttäuschung bei mir. Hatten aller Einsatz, alle Mühen lediglich dazu geführt, dass Selda in eine stationäre psychiatrische Behandlung kam?

Dennoch war der Schluss einigermaßen versöhnlich: Selda wurde nach 14 Tagen entlassen. Im Arztbrief wurde mir mitgeteilt, dass die Eltern auch mit den Psychologen und Klinikärzten keine Gespräche führen wollten. Allerdings wurde ihnen das schriftliche Einverständnis abgerungen, dass Selda auf Dauer bei der älteren Schwester leben durfte, die sich dazu gern bereit erklärt hatte. Die vorliegende depressive Episode mit suizidalen Neigungen des Mädchens bedürfte unbedingt einer psychotherapeutischen Begleitung, die jedoch nicht stationär, sondern ambulant in meiner Praxis durchgeführt werden solle.

Dazu kam es nicht, weil Selda sowie ihre Schwester mit Freund weit wegziehen wollten, um vor ihrer Familie sicher zu sein. Ich fand das richtig und sorgte dafür, dass Selda in West-Berlin einen Therapieplatz fand. Ich wusste Selda jetzt gut versorgt. Sie hatte sich entschieden; ebenso wie ihre Schwester wollte sie künftig wie eine Deutsche leben.

Dennoch blieb bei mir ein bitterer Geschmack. Seldas Eltern haben nichts eingesehen, sondern resigniert. Sie haben Selda verstoßen wie bereits die ältere Tochter, Selda ist nicht mehr ihr Kind. Sie sind verbittert, hassen die deutsche Umgebung sowie die Behörden, mehr noch als zuvor. Für sie gab es keine passende Lösung ihres Konfliktes, aber wie hätte die erreicht werden können? Dort, wo fundamentalistische, starre Überzeugungen vorherrschen, sind Veränderungen kaum zu erreichen.

Die Behandlung eines Jugendlichen oder einer Jugendlichen mit adoleszenten Konflikten kann nur gelingen, wenn die Eltern zur Mitarbeit bereit sind, Einsicht erlangen und Veränderungen zulassen. Dies gelingt in den meisten Fällen, auch bei türkischen Familien. Ansonsten muss sich der Patient von der Familie trennen, kann im besten Fall wie Selda bei einer Verwandten leben, ansonsten in einer Wohngruppe oder einem Heim.

Seldas Auseinandersetzungen mit ihrer Familie fanden vor längerer Zeit statt. Anfang des Jahres 2019 wurde ich in furchtbarer Weise an sie erinnert. Ich las in der Zeitung, dass eine türkische Jugendliche nach einem schrecklichen Streit von zu Hause weggelaufen sei. Nachts habe sie sich auf dem Marktplatz des Dorfes, in dem sie lebte, an der Linde erhängt. Alle sollten sie in ihrem Elend sehen, ihre Eltern sollten beschämt werden. Hätte mit Selda ähnliches geschehen können? Sie muss jetzt eine Frau mittleren Alters sein, und ich hoffe, dass es ihr im Leben gut ergangen ist.

3

Ein Mädchen zwischen Vater und Therapeut

Vor langer Zeit meldete sich eine Mutter am Telefon und bat um ein Gespräch wegen ihrer fünfeinhalbjährigen Tochter Julia. Ich schlug einen Termin vor, zu dem beide Eltern gemeinsam kommen sollten. Zum vereinbarten Zeitpunkt erschien jedoch nur die Mutter. Sie war eine attraktive Frau mit blonden Haaren, geschmackvoll gekleidet und perfekt geschminkt. Rein äußerlich schien sie eine glückliche Mutter und Ehefrau zu sein. Dennoch spürte ich einen Hauch von Traurigkeit, den ich noch nicht verstand. Ich bestellte Eltern immer gemeinsam, um bereits im ersten Kontakt etwas über die Paarbeziehung zu erkennen. Frau G. entschuldigte ihren Mann, er sei beruflich beansprucht. Natürlich entstehen nach solchen Entschuldigungen erste Fantasien beim Therapeuten: Kümmert sich der Vater nicht ausreichend um die Tochter und ihre Probleme? Oder hält er nichts von psychologischen Erklärungen? Fürchtet er den Blick des Dritten?

Julia hatte ernste Probleme, sie litt an nächtlichem Einnässen und sollte in Kürze eingeschult werden. Tagsüber war das Mädchen nach Aussagen der Mutter seit ihrem zweiten Lebensjahr trocken. Während eines Urlaubs wollte Julia, dass die Windeln tagsüber weggelassen werden, was rasch zum gewünschten Erfolg führte. Als Julia dreieinhalb Jahre alt war, wollte sie auch nachts keine

Windeln mehr tragen, doch dies führte nicht zum Ausbleiben der nächtlichen Missgeschicke. Julia nässte weiterhin jede Nacht ein. Regelmäßig wachte sie gegen 22 Uhr aus einem Angsttraum auf, mochte dann nicht mehr alleine schlafen und schlüpfte ins Bett der Eltern, in welchem sie – zumeist gegen Morgen – deutlich ihre Spuren hinterließ. In ihren Träumen, die Julia den Eltern erzählte, versuchten Wölfe oder Füchse nach dem Mädchen zu schnappen. Tagsüber wollte Julia die nächtlichen Traumbilder ständig spielerisch darstellen, wobei sie die Rollen an sich und die Mutter verteilte.

Einnässen gilt in der Kinderpsychotherapie als schwieriges, oft hartnäckiges Symptom. Nach den bisherigen Erkenntnissen schloss ich auf eine Entwicklungsverzögerung. Meist liegt in der Familie ein unbewusster Einfluss vor, der einen notwendigen Entwicklungsschritt verhindert. Die Ursachen dafür wollte ich im Verlauf der Behandlung herausfinden. Julia sei, nach Aussagen der Mutter, immer ein ausgesprochen liebes Kind gewesen. Auffällig bei ihrer Entwicklung sei, dass sie im ersten Lebensjahr stark fremdelte, keine Trotzphase hatte und mit etwa drei Jahren über eine längere Zeit stotterte. Es waren für mich Probleme mit Trennung und aggressiver Durchsetzung zu erkennen.

Mutter und Tochter pflegten ein überaus enges, ja inniges Verhältnis. Die Mutter war Erzieherin, arbeitete seit einem Jahr wieder vormittags in einem Kindergarten. Den restlichen Tag verbrachte das kleine Mädchen mit der Mutter, bastelte mit ihr, ließ sich von ihr vorlesen und spielte mit ihr begeistert die erwähnten Rollenspiele. Am liebsten schlüpfte sie in die Rolle der Prinzessin, die Mutter musste der Prinz sein, und Julia wollte die Mutter heiraten. Natürlich überlegte ich, wo denn dabei der Vater blieb. Mit anderen Kindern kam Julia nicht gut zurecht, die wollten nicht unaufhörlich Rollenspiele machen, und das wiederum fand Julia blöd.

Der Vater arbeitete als Informatiker in einer Weltfirma und war selten zu Hause. Gelegentlich beklagte er sich darüber, dass Mutter und Tochter ein viel zu enges Verhältnis hätten und dass die Tochter zu allem Überfluss auch noch nachts ins Bett käme. Offensichtlich fürchtete er, dass für ihn selbst kaum mehr Raum in der Familie zur Verfügung stand. Als Julia mit vier Jahren in den Kindergarten gehen sollte, weigerte sie sich. Ein erneuter Versuch im Jahr darauf klappte schließlich. Nach unserem ersten Gespräch vereinbarte ich einen ersten Kontakt mit Julia.

Sie war ein Mädchen, das man gemeinhin als »süß« bezeichnet. Sie hatte eine etwas stämmige Figur, ein engelgleiches Gesicht und lange blonde Haare. Im Vorgespräch hatte die Mutter – leise triumphierend – gemeint, dass sich Julia wohl kaum von ihr trennen werde. Doch Julia ging, ohne zu zaudern, mit mir ins Therapiezimmer. Darauf reagierte die Mutter überrascht, beinahe enttäuscht, und ich nahm wahr, dass auch die Mutter sich nicht von dem Mädchen trennen konnte. Julia war in der Tat ein liebes, nach außen hin aggressionsfreies Mädchen, das sofort mit mir in einen spielerischen Kontakt trat. Auf meine Frage hin erzählte Julia einen Traum: Mehrere Kinder spielten miteinander. Da sei ein Wolf gekommen und wollte eines der Kinder fressen. Ein Mann kam hinzu. Das war ein Jäger und der schoss auf den Wolf. Allerdings habe er nicht den Wolf, sondern einen Jungen getroffen, der bei den Kindern war. Es war eine magische Märchenwelt, altersgerecht illustriert. Der Jäger, der Mann, der Vater hatte den Kindern nicht beigestanden, vielmehr hatte er statt des Wolfes sogar ein Kind getötet. Ich vermutete, dass Julia den Vater nicht hilfreich für sich erlebte.

Nicht jedes Kind schafft es von Anfang an, den Sinn einer Therapie zu erfassen und sich in ein symbolisches Spiel einzulassen. Doch für dieses Mädchen mit seinen vielen kreativen Befähigungen, aber auch wegen seiner lebhaften Fantasie, war eine Psychotherapie genau das Richtige. Julia kam hell begeistert zu den Sitzungen. Sie nutzte alles, was da war, malte, tonte und bastelte, so wie zu Hause mit ihrer Mutter und stellte im Spiel auf eindrückliche Weise ihre aktuellen Probleme und die dahinter liegenden unbewussten Konflikte dar. Zwischen uns beiden entwickelte sich eine harmonische Beziehung, von keinem Missklang gestört, so wie sie – vordergründig – auch zwischen ihr und der Mutter bestand. Jeder hüllte den anderen gleichsam in Watte und wollte ihn auf keinen Fall verletzen.

Mit der Zeit begann ich zu spüren, wie Julia mit mir zu kokettieren begann, mich mit ihren dunkelbraunen Augen anfunkelte. Gelegentlich wandte sie sich verschämt ab und lächelte. Unverkennbar schmückte sie sich vor den Stunden, oft roch ich den Duft von Shampoo, weil sie sich zuvor noch die Haare gewaschen hatte.

Im Gespräch erfuhr ich von der Mutter, dass Julia ununterbrochen an ihre Stunden denke, über sie spreche und schon lange vorher überlege, was sie wohl nächstes Mal anziehen würde. Ich hatte das bislang in dieser Intensität für nicht möglich gehalten, aber zwischen uns entfaltete sich eine merklich erotische Spannung. Ich spürte, wie Julia um mich warb und mit mir zu flirten und zu kokettieren begann. Dabei war das Mädchen gerade sechs Jahre alt geworden. Ich fragte mich, wie das weitergehen sollte. Julia hatte mit mir jene Liebesbeziehung begonnen, die ein vier- bis sechsjähriges Mädchen normalerweise mit seinem Vater eingeht, weil es erfahren muss, wie man sich verliebt. Aber der Vater hatte sie bislang abgewiesen, die Ursachen kannte ich noch nicht.

Anfänglich hatte er immer wieder, auch in den gemeinsamen Elternsitzungen, die Mutter getadelt, dass ihr Verhältnis zu Julia so eng sei, dass sie zu wenig streng zu dem Mädchen sei und zu wenig fordern würde. Inzwischen hatte sich der Ärger des Vaters verschoben: Ich war in sein Visier geraten. Ganz offensichtlich hielt er jetzt Julias Beziehung zu mir für zu eng, und er versuchte, einen kräftigen Keil dazwischen zu treiben. Offenbar suchte Julia ihre erotischen Wünsche mit mir auszuleben, weil es mit dem Vater bislang nicht geklappt hatte und mit der gleichgeschlechtlichen Mutter doch nicht soviel Lust bereitete. Der Vater war bislang dauernd abwesend, zum anderen hatte die Mutter ein engeres Verhältnis auch nicht zugelassen. Fortan begann sich der Vater intensiv um seine Tochter zu bemühen, und es entstand eine wesentlich innigere Beziehung als zuvor. Julia hatte jetzt den Vater, und der hatte sie entdeckt.

Es war aber keineswegs so, dass darum Julias Kokettieren und Werben in den Therapiestunden weniger geworden wären, im Gegenteil. Die Atmosphäre während der Therapiestunden blieb erotisch aufgeheizt. Julia bastelte und werkte, inszenierte weiterhin Rollenspiele, erzählte Träume, lieferte Material und tat alle jene Dinge, welche einem Therapeuten gefallen. Zu Hause sprach sie in einem schwärmerischen Ton von mir, wodurch die Eifersucht des Vaters immer heftiger wurde. Auf dem Höhepunkt jener erotischen Übertragung brachte mir Julia ein Herz, das sie zu Hause für mich gebastelt hatte. Im Inneren des Herzens hatte sie sich selbst als Prinzessin und mich als ihren Prinzen gemalt. Dieses Herz schenkte sie mir und wünschte, dass ich es im Praxiszimmer aufhänge. Alle sollten also von ihrer Eroberung wissen. Ich besprach mit ihr, dass ich das nicht tun könne, weil ich nicht wolle, dass andere Kinder und Eltern erfahren könnten, was sie mir während der Therapie über sich mitteilte. Ich spürte, dass ich sie damit kränkte, und das Aufrechterhalten der Rahmenbedingungen fiel mir an jener Stelle schwer.

Die Sommerferien kamen, und Julias Mutter erzählte mir später, dass das Mädchen die Tage gezählt hatte, bis sie endlich wieder zu mir kommen könnte. Julia kam zur ersten Stunde, erzählte stolz, dass sie in wenigen Tagen in die Schule gehen werde und brachte mir ein kleines Geschenk mit. Ich stellte fest, dass mir Julia ebenfalls gefehlt hatte, und dass ich mich auf das Wiedersehen mit ihr freute. Natürlich wusste ich als Psychoanalytiker, dass es bereits bei kleinen Mädchen zu heftigen erotischen Gefühlen kommen kann. Eine derart sinnliche Spannung, eine solch flirrende Atmosphäre hatte ich jedoch bislang mit keinem Kind erlebt. Vor allem staunte und erschrak ich über meine Gegenübertragung, die mich zunehmend irritierte. Julia schaute mich mit ihren strahlenden dunkelbraunen Augen an und meinte beiläufig, ich sollte mich doch einmal zu ihr herunterbücken, weil sie mir etwas sagen müsste. Ich tat das folgsam, im gleichen Augenblick stürzte sich Julia auf mich, gab mir einen schmatzenden Kuss auf die Backe und biss mich liebevoll. Jetzt erschrak ich doch sehr über die Vehemenz des Begehrens dieses kleinen Mädchens, und ich zuckte zurück. Es war nicht zu übersehen, Julia hatte sich in mich verliebt. Abends rief ich eine befreundete Kollegin an, mit der ich mich gelegentlich über unsere Fälle austauschte. Die lachte und erkannte eine sehr günstige Entwicklung, zumal der Vater eifersüchtig geworden war und seine Rolle einnehmen wollte.

Mittlerweile hatten sich die meisten Probleme Julias verändert. Sie war selbstständig geworden, hatte Kontakte zu anderen Kindern geknüpft, begann in der Schule, wie nicht anders zu erwarten, fleißig mitzulernen und war hell begeistert vom Unterricht. Sie nässte nicht mehr regelmäßig ein. Trotzdem blieb das Einnässen in leichter Form bestehen und bildete sich nicht vollständig zurück. Schließlich erkrankte Julia an einer Grippe, konnte vierzehn Tage nicht zur Therapie kommen, und danach setzte eine heftige Phase von Widerstand ein. Mit einem Mal weigerte sie sich, noch zu »diesem blöden Menschen« zu gehen. Julia klammerte sich wieder an die Mutter, nässte verstärkt ein, und alles schien wieder so wie zu Beginn unserer Behandlung zu sein. Die Eltern sprachen mit mir darüber, ob wir nicht die Therapie beenden sollten, da sie augenscheinlich nicht zu dem erhofften Ziel geführt habe. Ich bestand darauf, dass wir weitermachten und dass die jetzige Phase des Widerstands durchgestanden und durchgearbeitet werden müsse. Bald kam es wieder zu den alten Liebesbeweisen, aber die Beziehung wurde von nun an zwiespältig. Julia mochte mich, flirtete immer wieder mit mir, doch auf der anderen Seite wurde ich gedemütigt, entwertet, verachtet und kontrolliert. Ich musste ausführen, was Julia anordnete und wenn ich mich ihren Anweisungen entzog, kam es zu wütenden Auseinandersetzungen bis hin zu wüsten Drohungen. Die Intensität des Einnässens schwankte wiederum, doch es verschwand nicht, und das bereitete mir Sorgen, weil ich mir das vor dem Hintergrund ihrer Konflikte nicht erklären konnte.

Dann wollte der Vater die Therapie abbrechen. Er hatte sich in den vergangenen Monaten wieder stärker entzogen und reagierte mit unverhohlener Eifersucht auf mich. Gleichzeitig triumphierte er über meine Unfähigkeit, hatte ich doch Julia nicht helfen können! Wenig später wünschte die Mutter ein Gespräch mit mir, zu welchem sie allein kam, wie zu Beginn der Therapie. Jetzt verriet sie ein Geheimnis, das bislang niemand kannte. Eine eheliche Beziehung bestand schon lange nicht mehr, seit Julias Geburt habe der Vater nicht mehr mit ihr geschlafen und sich all ihren Annäherungen entzogen. Die Mutter konnte sich das nicht erklären, zumal sich der Vater weigerte, darüber zu sprechen. Sie hatten bereits beschlossen, sich zu trennen, wollten aber wegen Julia doch zusammenbleiben. Jetzt wurde mir klar, warum Julia ihr Einnässen nicht gänzlich verlieren konnte: Mit ihrem Symptom hielt sie ja auch die elterliche Beziehung zusammen. Julia hatte erkannt, dass ihr Entwicklungsdefizit eine Möglichkeit war, die Macht über die Familie, vor allem über das Fortbestehen der Familie, zu behalten. Eine Pattsituation war eingetreten, das jetzige Symptom war ein Kompromiss nach allen Seiten – auch im Hinblick auf mich. Verlor Julia ihr Symptom ganz, würden sich die Eltern trennen. Sollten die Eltern wenigstens zum Schein zusammenbleiben, musste Julia weiterhin einnässen, denn eine neuerliche Annäherung der Eltern zueinander erschien mittlerweile unmöglich. Aus dieser Angst heraus hatte sich Julia bestmöglich entwickelt, alle Konflikte schienen gut bewältigt, allein das Einnässen musste sie partiell beibehalten, um das Weiterbestehen der Familie zu sichern. Nach dem Gespräch mit der Mutter, in dem das Familiengeheimnis gelüftet wurde, hörte das Einnässen endgültig auf, und wir konnten einvernehmlich die Therapie beenden. Ich habe nie mehr eine solch intensive Übertragungsliebe eines kleinen Mädchens erlebt – Julia hatte sich in mein Herz eingegraben.

Wohl kaum eine Theorie der Psychoanalyse wird so angefeindet wie jene vom Ödipuskomplex. Immer wieder wird unterstellt, der Ödipuskomplex sei ein Fantasieprodukt und existiere nicht. Dieses Konzept wird immer wieder karikiert, ins Lächerliche gezogen, gelegentlich auch als gefährlich bezeichnet. Für Psychoanalytiker stellt sich die Frage, warum er denn von vielen Menschen als so gefährlich erlebt wird, dass solch mannigfaltige Abwehrstrategien erforderlich werden. Offensichtlich scheint der Gedanke abstoßend zu sein, dass ein Kind von Geburt an ein sexuelles Wesen sein soll. Noch unerträglicher scheint die Vorstellung zu sein, dass eine Mutter-Kind-Beziehung immer auch eine sexuelle ist – das stereotype Bild von der guten Mutter darf nicht beschmutzt werden.

Im vierten und fünften Lebensjahr muss ein Kind den Ödipuskomplex bewältigen: Das Mädchen begehrt den Vater, es erlebt die Mutter als Nebenbuhlerin und beginnt, sie zu hassen. Einfach formuliert: Innerhalb der ödipalen Phase lernt das Mädchen, sich zu verlieben. Es hat den Ödipuskomplex dann bewältigt, wenn es gelernt hat zu verzichten. Das geschieht, wenn die Mutter nicht mehr als gefährliche Rivalin betrachtet wird, sondern zur geliebten Identifikationsfigur wird. Die Lösung des Ödipuskomplexes war im Fall von Julia gescheitert, weil der Vater sich aus der ehelichen Beziehung, aber auch von Julia zurückgezogen hatte.

Während meiner therapeutischen Arbeit habe ich mehrere Fälle erlebt, bei denen das so ähnlich verlaufen ist. Als die geliebte Ehefrau auch in der Fantasie des Mannes zur Mutter wurde, erlosch das Begehren, weil es ihm wahrscheinlich während seiner Adoleszenz nicht gelungen war, sich mit seinen erotischen Fantasien von seiner eigenen Mutter zu lösen. Ich begriff jetzt, warum ich anfänglich eine depressive Aura bei der Mutter gespürt hatte. Nicht begehrt zu werden, ist für eine Ehefrau eine der schlimmsten Kränkungen, so dass das Selbstwertgefühl ins Wanken geraten kann. Ich begriff auch, warum sich die Mutter so sehr an Julia geklammert hatte. In dieser Therapie wurde mir deutlich, wie leidenschaftlich ödipale Prozesse und die entsprechenden Übertragungs- und Gegenübertragungsprozesse schon bei kleinen Kindern sein können. Es braucht eine gründliche Reflexion des Therapeuten und erfordert gleichzeitig eine ausreichende Distanzierung. Der gesamte Therapieverlauf zeigt, wie sehr sich das Unbewusste aller Mitglieder der Familie mit Sexualität auseinandersetzte; das psychosomatische Symptom »Einnässen« führte aber dazu, dass zwar darüber, doch nicht über Sexualität gesprochen wurde. Sexualität barg ein Familiengeheimnis. Die Mutter konnte erst gegen Ende der Therapie darüber sprechen, dass ihr Mann sich sexuell verweigerte und auch nicht darüber sprechen konnte. Dieses Geheimnis übertrug Julia in der Therapie. Sie schenkte dem Therapeuten ihr Herz. Dieser erschrak und machte ebenfalls ein Geheimnis daraus. Das Herz sollte niemand sehen.

Epilog

Zu meiner Überraschung rief Julias Mutter etwa zehn Jahre später nochmals an. Ob Julia noch einmal zu mir kommen dürfe, sie habe ein großes Problem. Ich war sehr gespannt auf Julia. Der kindliche Reiz war verschwunden, Julia war ein attraktiver Teenager geworden. Schnell kam die alte Vertrautheit. Julia hatte mittlerweile einen Freund, der stark klammerte, sie kontrollierte und in allen Freiheiten einschränkte. Sie wollte sich von ihm trennen, wusste aber nicht, wie sie das bewerkstelligen könnte. Ich spürte die alte Angst vor aggressiver Durchsetzung. Doch war für mich beruhigend, dass ich vom Begehrten zum ratgebenden Vater geworden war. Die erotischen Übertragungen hatten sich aufgelöst.

4
Petra will nicht sprechen

Eines Nachmittags rief Frau B. an und fragte mich, ob ich ihre Tochter in Therapie nehmen könne. Zwar hatte ich wie immer einen Mangel an freien Stunden, doch lud ich die Frau ein, da sie in großer Not zu sein schien. Petra, neun Jahre alt, würde mit niemandem außer mit ihr und einigen Familienmitgliedern sprechen.

Frau B. erschien zum vereinbarten Gespräch und war gekleidet, als käme sie zu einem Fest, mit elegantem Kleid und Sommerhut. Ich wusste, dass sie aus einfachen Verhältnissen kam und spürte, dass sie diesen Anschein vermeiden wollte. Von Anfang an war mir die Frau, die ein schweres Schicksal zu meistern suchte, sehr sympathisch.

Petra ist das vierte ihrer sechs Kinder, sie wurde in eine Welt von Ablehnung hineingeboren und ist unter chaotischen Bedingungen groß geworden. Der Vater, ein Bauarbeiter, vertrank alles Geld und hatte wechselnde Freundinnen. Er schlug seine Frau und vergewaltigte sie mehrmals vor den Augen der Kinder. Petra war, wie schon Geschwister vor ihr, nicht erwünscht gewesen. Frau B. mühte sich, alle Kinder so gut es ging zu versorgen, war damit aber hoffnungslos überfordert. Sie konnte Petra nicht jene Zuwendung geben, die sie gebraucht hätte. Nach der Geburt des sechsten Kindes hatte sich Frau B. scheiden lassen. Damals war Petra drei Jahre alt, ihren Vater hat sie bis heute nicht mehr gesehen.

Schon im Kindergarten war Petra dadurch aufgefallen, dass sie nicht redete, der Erzieherin nie auf Fragen antwortete und nicht mit anderen Kindern sprechen wollte. Meist sei sie nur mit aufgerissenen Augen unbeweglich stehen geblieben, wie erstarrt. Oder sie sonderte sich von den herumtollenden Kindern ab und begann zu masturbieren. Bis zum Schuleintritt blieb Petra unfähig, einfache Kontakte zu Gleichaltrigen zu knüpfen. Zu Hause redete sie mit manchen Familienmitgliedern, vorwiegend jedoch mit der Mutter. Niemals aber mit Fremden, ihnen gegenüber verharrte sie in angstvollem Schweigen. Eine katastrophale Wende brachte die Einschulung. War Petra im Kindergarten noch so akzeptiert worden, wie sie war, stieß sie in der Schule auf komplettes Unverständnis: Ihr Schweigen wurde als Trotz gewertet, ihre Weigerung zu antworten, als Dummheit. Petra wurde zum Sündenbock der Klasse. Weil sie auch mit Mitschülerinnen und Mitschülern nicht sprach, wurde sie gehänselt, schikaniert und geprügelt. Daraufhin weigerte sie sich, in die Schule zu gehen, und traute sich nur noch mit der Mutter auf die Straße. In der zweiten Klasse wurde Sonderschulbedürftigkeit festgestellt. Immerhin empfahl der testende Sonderschullehrer der Mutter, sich auch an eine Beratungsstelle zu wenden. Das dortige Team empfahl eine Psychotherapie, darum wandte sich die Mutter an mich.

Inzwischen ist Petra neun Jahre alt und ihr Zustand hat sich noch verschlechtert. Sie hat mittlerweile keinerlei Kontakte zur Außenwelt, spricht mit niemandem und weicht den Menschen aus. Nur unter Zwang und voller Angst geht sie in die Schule. Sie masturbiert exzessiv und lässt sich auch durch die Anwesenheit ihrer Geschwister nicht davon abhalten. Ihre Kontakthemmung, der Ausschluss aus der menschlichen Gemeinschaft haben ihr offensichtlich als einzigen Ausweg den Rückzug auf den eigenen Körper gelassen, um die aufgestauten Spannungen abzuführen. Am Schluss unseres Gesprächs vereinbare ich mit Frau B. eine erste Sitzung zum Kennenlernen von Petra.

Die erste Stunde mit Petra war ein völliger Kontrast. Sie betrat mit der Mutter das Spielzimmer bzw. sie wurde von ihr regelrecht zu mir hingeschoben und reichte mir zögerlich eine schlaffe, feuchte Hand, ohne Blickkontakt. Auf der Stelle begann die Mutter wieder zu reden. Sie habe noch vergessen, mir einige Tatsachen zu berichten und mochte sich erkennbar nicht trennen. Ich bat sie, mich mit Petra allein zu lassen, was sie zögernd tat. Widerstandslos und schweigend blieb Petra an derselben Stelle stehen, an der die Mutter sie hingeschoben bzw. abgestellt hatte. Sie war ein dünnes, hochgeschossenes Mädchen. Die Fingernägel waren bis auf winzige Reste abgenagt. Sie trug einen kurzen, roten Rock und einen hochgeschlossenen Kunststoffblouson von gleicher Farbe, den sie trotz der sommerlichen Schwüle nicht ablegen mochte. Sie setzte sich zu mir an den Tisch, ohne mich anzusehen, und schaute apathisch den von mir vorbereiteten Sceno-Kasten an. Der Scenotest enthält eine Fülle von Figuren, Menschen, Tieren und Gegenständen. Mit ihm lassen sich Alltagssituationen und Lebensereignisse nachbauen. Meinen Hinweis, dass sie mit allem, was hier sei, allein oder mit mir spielen könne, schien sie zu überhören. Mit ausdruckslosem Gesicht und leeren Augen saß sie vorne auf der Stuhlkante, und ich hatte das Gefühl, als seien alle ihre Besonderheiten in einem Wattebausch versteckt.

Ich kam mir wie ausgestoßen vor, wie einer, der die Trennung von der Mutter gewaltsam herbeigeführt hatte und spürte Schuldgefühle gegenüber dem verängstigten Mädchen. Nach endlosen zehn Minuten voll bedrückender Schweigsamkeit begann sie schließlich, sich scheu im Zimmer umzusehen. Ohne den Platz zu verlassen, beugte sie sich vor, um die Sceno-Figuren zu betrachten und sah mir zum ersten Mal in die Augen. Dabei erkannte ich ein verhuschtes Lächeln. Langsam sah sie sich um, endlich blieb ihr Blick lange an einem Behälter mit Soldaten, Indianern und Tierfiguren haften. Ich spürte ihren Wunsch, fragte, ob sie die Figuren anfassen wolle und stellte den Behälter auf den Tisch. Sie beugte sich vor, schaute ihn von allen Seiten an, lächelte mich wieder an und entdeckte schließlich einen geschlossenen Zaun in der Form eines Dreiecks. Vorsichtig versuchte sie den Zaun zu öffnen. Petra wirkte bislang mit ihrem maskenhaften Gesicht, ihrem beinahe schmerzhaften Schweigen und ihren zeitlupenhaften Bewegungen unerreichbar auf mich. Plötzlich trat etwas Farbe in ihr Gesicht, sie schien ein wenig lebendiger zu werden. Sie begann, weiter in dem Behälter zu suchen und fand schließlich ein Schwein, das sie mit der linken Hand fest umklammerte. Mit der rechten wühlte sie weiter und fand mehrere kleine Schweinchen. Dabei lächelte sie mich fast glücklich an. Jetzt baute sie an der äußersten linken Ecke des Tisches den Zaun auf, links war ein Abgrund, rechts waren die Zäune. Sie stellte das große Schwein hinein, baute die kleinen Schweinchen rings herum auf, vier hatte sie gefunden, nach einem weiteren suchte sie. »Es sollen fünf sein«, sagte ich. Petra nickte eifrig. Sie wühlte hastiger, spürte den Zeitdruck und wurde immer ängstlicher. Ich half ihr dabei, denn die Zeit drängte. Wir fanden keines mehr. Petra musste sich zum Schluss mit der Muttersau und vier Jungen zufrieden geben. War eines der Jungen verloren gegangen? Als sie ging, flüsterte sie mir immerhin ein leises »Ade« zu.

Petras nächste Stunde war acht Wochen später. Sie verlief ähnlich wie die erste. Petra suchte wieder nach den Schweinchen und stellte sie mit traumhafter Sicherheit an die gleiche Stelle des Tisches wie in der ersten Stunde. Die Schweine wurden allerdings inzwischen von einer Bäuerin gehütet. Der ehemals leere Tisch füllte sich in zwei Feldern mit Tieren. Auffallend waren dabei zwei nach links gerichtete Krokodile.

In der dritten Stunde schließlich wurde der gesamte Tisch mit einer unglaublichen Fülle von Mitteilungen aus Petras Unbewusstem bedeckt, lange Aufgestautes und Verdrängtes schien hervorzubrechen. In der vierten Stunde wurden Farben und Formen noch vielfältiger, differenzierter. Immer wieder errichtete sie Zäune,

Grenzen und Abschirmungen. Ich verstand sie als verzweifelte Versuche, sich vor einem überwältigenden Bösen und schlimmen Enttäuschungen schützen zu müssen. Leitmotive klangen wiederholt an: Aggression und Trieb, dargestellt von Tieren wie Krokodile und Flusspferde. Säugen, Trinken, Füttern und Gefüttertwerden: Ein Kalb trank bei der Mutterkuh, das Pferd fraß aus dem Napf, die Frau fütterte das Flusspferd. Und auf zwei Podesten standen Gorillas und zankten sich, ich vermutete,dass es die beiden streitenden Eltern waren. In der fünften Stunde begann Petra, mit mir zu sprechen, es waren geflüsterte Zweiwortsätze und sie duzte mich ganz selbstverständlich. Lange Zeit stellte Petra immer neue Sequenzen mit Hilfe von Figürchen, Bausteinen und anderen Teilen szenisch dar, und ganz langsam begannen wir, darüber zu sprechen. Die erlebten Traumata hatten tiefe Erinnerungsspuren hinterlassen, mit der Zeit gelang es Petra, ihre Ängste vor dem gefährlichen Männlichen in Spielszenen darzustellen. »Jungen und Männer sind grässlich«, sagte sie einmal zu mir und schaute mich dabei ganz liebevoll an. Offensichtlich hatte sie mich mittlerweile davon ausgenommen.

Die Gespräche mit der Mutter verliefen anfänglich wie beim ersten Kontakt. Sie überwältigte mich mit ihrem Sprachverhalten und erzählte mir eine schreckliche Geschichte nach der anderen. Was diese Frau alles hatte mit sich machen lassen! Mir wurde immer einsichtiger, warum sich Petra so sehr vor einer bedrohlichen Umwelt zurückgezogen hatte. Sie musste versuchen, wieder eins zu sein mit ihrer Mutter, die gleichzeitig stellvertretend für ihre Sprache stand.

Mit der Zeit lernte ich auch eine andere Seite von Petras Mutter kennen. Sie war eine warmherzige, gütige Frau, was ich in den ersten Stunden wegen ihrer »Lautheit« und des Schreckens, den sie in mir ausgelöst hatte, so gar nicht gemerkt hatte. Sie lächelte glücklich, wenn sie Petra nach der Stunde in ihre Arme schloss. Zweimal in der Woche fuhr sie mit öffentlichen Verkehrsmitteln zu meiner

Praxis, war drei Stunden außer Haus und immer pünktlich zu den Stunden. Auch kam sie zu jedem Elterngespräch. Sie strahlte eine gleichmäßige Wärme aus, die ein Gefühl von Schutz und Sicherheit vermittelte. In ihren ersten Spielszenen hatte Petra diesen Aspekt der Beziehung symbolisch dargestellt. Sie vermittelte aber auch, dass große Ängste entstehen, wenn jene Einheit verloren zu gehen droht.

Bald setzte eine geradezu stürmische Weiterentwicklung ein. Es gelang Petra immer besser, über ihre Probleme zu sprechen. Sie schloss Kontakte zu Gleichaltrigen, bezeichnenderweise meist zu Außenseitern, wie sie selbst einer war, und sprach inzwischen in der Schule, in der Freizeit und vor allem in der Familie mit jedem. Ihr Selbst blieb allerdings weiterhin verletzlich, selbst wenn die schlimmsten seelischen Verletzungen auszuheilen begannen. Sehr früh kam es zur ersten Menses. Petra war von ihrer Mutter, die nach wie vor überwiegend mit sich selbst befasst war, überhaupt nicht vorbereitet worden. Der Vorfall stürzte Petra in Angst und Schrecken. Sie verheimlichte der Mutter das erschreckende Geschehen, stopfte sich Toilettenpapier in die Hose und ging so in die Schule, wo die Klassenkameraden es bemerkten. Sie hatte wieder einmal versucht, selbst damit fertig zu werden und war beschämt worden. Es war deutlich, wie sehr ihr Urvertrauen letztlich erschüttert war, so dass sie sich in ihrer Not nicht einmal der Mutter mitteilen mochte.

Im gleichen Maße, wie sich eine positive Entwicklung bei Petra einstellte, wurden allerdings die Brüder immer schwieriger. Der Jüngste wurde schließlich wegen seines beginnenden dissozialen Verhaltens in einer kinderpsychiatrischen Klinik untergebracht. Weiterhin führten äußere belastende Ereignisse immer wieder dazu, dass Petra sich in ihren Kokon zurückzog und schwieg. Zu verstummen, sich tot zu stellen, waren ihre charakteristischen Mechanismen, um sich vor äußeren, echten wie fantasierten Bedrohungen zu schützen.

Petra war ein intelligentes Mädchen, dennoch blieb sie wegen ihres ängstlichen Verhaltens zunächst auf der Sonderschule. Lange Zeit nach Abschluss der Therapie, Petra war inzwischen 17 Jahre alt, schrieb sie mir noch einmal. Sie besuchte die Berufsschule, machte dort den Hauptschulabschluss und strebte an, Kinderpflegerin zu werden. Ich habe ihr einen langen Brief zurückgeschrieben.

Neben der Anorexie habe ich den Mutismus immer als die geheimnisvollste seelische Erkrankung von – überwiegend – Mädchen erlebt. Ein Kind schweigt, manchmal im Umgang mit allen Menschen. In den meisten Fällen nur gegenüber fremden Personen, was elektiver Mutismus genannt wird.

Petras seelische Verletzungen während der ersten Lebensjahre wurden durch immer neue dramatische Erlebnisse verstärkt. Mit ihrer Sprachlosigkeit schirmte sie sich in beinahe autistischer Weise von ihren Mitmenschen ab. Sie verneinte damit die Existenz anderer Menschen und verleugnete die beunruhigenden Gefühle über ihr Schweigen. Mutismus wird oft mit Autismus verwechselt. Andererseits zwang Petra auch der fortwährende Redefluss der Mutter zum Schweigen. Die ließ sie nicht »zu Wort kommen« und wurde zu ihrem Sprachrohr. In ihrem ersten Bild stellte Petra die Familie als Randgruppenfamilie dar, als eine Mutter-Horde von wenig differenzierten Tieren, alle waren Schweine – ohne einen Vater. Sie artikulierte auf diese Weise das gnadenlose Urteil ihrer Umwelt. Diese szenische Darstellung war aber auch Ausdruck ihrer tiefen Scham. Darum suchte sich das Mädchen zu verkriechen, um nicht misslichen Gefühlen ausgesetzt zu sein. Die Darstellung der Schweine am Abgrund war zudem ein Bild für ihre innere Hilflosigkeit und kleinkindhafte Abhängigkeit. Auf der linken Seite bedrohte sie der tiefe Abgrund, auf der rechten, der Wirklichkeit zugewandten Seite, musste sie sich mit Zäunen, also ihrer Sprachlosigkeit abschirmen. Dass sie das fünfte Schwein, die Darstellung ihres eigenen Selbst, nicht finden konnte, versetzte Petra in panikartige Unruhe.

Was hatte heilend gewirkt? Ich vermute, dass ich als väterlicher Dritter die enge Zweisamkeit mit der Mutter erschüttert habe. Gleichzeitig drängte ich das Mädchen nicht zum Sprechen, sondern trat mit Petra in einen averbalen Dialog und nahm ihre Mitteilungen in mich auf. Wir hatten uns einen gemeinsamen Raum für alle Gefühle geschaffen. Später konnte die Sprache hinzukommen, ohne trennend oder gar zerstörerisch zu wirken.

5

Gerhard, der Junge, der sich nach Liebe sehnte

Jedes Adoptivkind hat seine eigene, meist tragische Geschichte und trägt diese in die neue Familie. Alle Adoptiveltern haben Wünsche und Träume, wie das Kind sein sollte. Doch so gut wie immer kommt es zur Desillusionierung, weil sich die Wirklichkeit nicht mit den Träumen deckt. In ihrem Buch über Adoptivkinder schreibt Christiane Lutz (2014): »Fantasien hinsichtlich eines Traumkindes müssen im Land der Träume bleiben und dürfen nicht die Realität des Kindes überdecken« (S. 68).

Eine solch tiefe Enttäuschung und große Zweifel hatten ein Elternpaar bewegt, zu mir zu kommen. Frau und Herr B. waren bereits Mitte vierzig und machten sich große Sorgen um ihren Adoptivsohn. Sie waren davon ausgegangen, dass ein Kind sich mühelos in eine Familie einlassen würde, wenn ihm Beziehung und Liebe angeboten würden. Bei Gerhard hatten sie jedoch den Eindruck, dass das Gegenteil der Fall sei. Insbesondere die Mutter fürchtete, Gerhard trage wegen der Gene seiner leiblichen Eltern belastendes Erbgut in sich und werde eine negative Entwicklung einschlagen. Die Eltern berichteten mir von Gerhards großen Schwierigkeiten im Alltag. Als erstes fiel ihnen die motorische Ungeschicklichkeit des Jungen ein. Im feinmotorischen Bereich sei er völlig überfordert. Schwerfällig sei er, »dappig, lasse alles aus der

Hand plumpsen«. Weiterhin schien er lust- und antriebslos zu sein. Ständig brauche er Aufforderungen, um überhaupt etwas zu tun. Ansonsten läge er auf der Couch und höre Musik. Im Kindergarten sei er unkonzentriert gewesen, in der Schule wäre sein Aufmerksamkeitsdefizit noch deutlicher. Zwar hätten sie mit der Zeit festgestellt, dass Gerhard einfach nicht anders könne, aber er strenge sich überhaupt nicht an. Die Leistungen in der Schule seien schlecht, Gerhard habe bereits eine Klasse wiederholt.

Wie heftig der elterliche Druck und wie überfordert der zwölfjährige Junge war, zeigte sich an seinen weiteren Symptomen. Er habe ständig Bauchweh, gelegentlich Kopfweh und fühle sich schlapp. Gelegentlich habe er erbrechen müssen. Das sind typische Symptome und Entwicklungsverzögerungen, an denen traumatisierte Kinder mit Bindungs- und Beziehungsstörungen leiden. Woher die massiven ängstlichen und depressiven Symptome rührten, wurde rasch verständlich, als ich von der Lebensgeschichte des Kindes erfuhr. Gerhard war ein Frühchen, die Eltern trennten sich unmittelbar nach seiner Geburt. Lange Zeit lag Gerhard im Brutkasten, die Mutter erklärte sich außerstande, das Kind zu versorgen. Der Junge kam in ein Kinderheim. Dort sei er ständig krank gewesen und habe wegen seiner Unruhe gelegentlich Valium bekommen. Als er fast drei Jahre alt war, wurde er von Familie B. adoptiert. Bis heute seien auch selbstberuhigende Aktionen festzustellen: Tagsüber summe Gerhard ständig vor sich hin, nachts wackle er mit dem Kopf.

Dass das Ehepaar davon ausgegangen war, ein normales, unauffälliges Kind zu bekommen, hatte mich überrascht. Ich sprach mit ihnen über die vielfältigen Traumata, die dieses Kind erfahren hatte. Was es bedeutet, in den ersten Lebenswochen keine Mutter zu haben, keine Muttermilch zu trinken, keine Wärme zu spüren. Welche Trennungsängste muss ein solches Kind künftig bewältigen? Gerhards Eltern schienen ein wenig nachdenklich geworden zu sein. Ich erkannte mein wichtigstes Behandlungsziel mit den

Eltern. Wie konnten sie Gerhard annehmen und sein Handeln vor dem Hintergrund seiner Lebensgeschichte begreifen?

Ich war gespannt auf den Jungen. Gerhard war ein kecker, unauffällig gekleideter Junge, der ohne Angst mein Praxiszimmer betrat. Er entdeckte eine Zielscheibe samt Wurfpfeilen. Einen nahm er in die Hand, zuckte jedoch zurück und legte ihn wieder hin. Ich wusste, dass seine Adoptiveltern Spielzeuge wie Pfeile und Waffen ablehnten, in der irrigen Annahme, diese würden ein Kind aggressiv werden lassen. Dieser Irrtum geistert durch die gesamte Pädagogik. Gerhard spielte mit dem Kasperle-Theater und entwickelte ein ausgesprochen fantasievolles Spiel mit Kasper, der Großmutter und einer Hexe. Dann malte er einen Jungen an die Tafel und wischte angstvoll die Bereiche um das Genital weg. Gerhard hatte erst kürzlich eine Phimosenoperation gehabt. Vorher hatte ihm die Mutter regelmäßig die Vorhaut geweitet, was der Junge als schmerzhaft empfunden und sich heftig dagegen gewehrt hatte. Ärztliche Eingriffe und Operationen sind nicht zu vermeiden. Sie können aber längst vergessene Phantasien eines Kindes aus früheren Entwicklungsphasen wiederbeleben. Bei allen Eingriffen an den Genitalien, bei Hodenoperationen und Phimosen, können immer auch Ängste vor Verstümmelung und Kastration mobilisiert werden – dieser Konfliktbereich war für Gerhard zu seinen sonstigen Problemen noch hinzugekommen. Am Ende kochte Gerhard am Puppenherd Spaghetti für mich.

Ich hatte einen Jungen mit nachvollziehbaren Störungen und Konflikten kennengelernt, für den ich von Anfang an eine große Sympathie hegte. Auch für Gerhard war das Behandlungsziel klar. Wir wollten versuchen, Entwicklungsschritte zu leisten, Traumata und Bindungsstörungen zu bewältigen.

Die Adoptiveltern waren mit einer Therapie einverstanden. Der Vater meinte ergänzend und wenig überzeugt »…auch auf die Gefahr, dass es umsonst ist…« Ich erfuhr in dieser Sitzung noch von einer extremen Hautempfindlichkeit des Jungen und seiner

Angst vor Berührungen. Immerhin sahen die Eltern darin einen Zusammenhang mit Gerhards frühen Lebenstagen. Sie konnten sogar eingestehen, den Jungen überfordert zu haben. Endlich hörte ich auch einmal etwas Gutes: Gerhard kümmere sich um alle Tiere und wolle sie füttern – ein typisches Kennzeichen von depressiven Kindern, die letztendlich die eigene Seele versorgen möchten. Eine stürmische Therapie entwickelte sich. Gerhard suchte in unserer Beziehung alles, was er bislang nicht bekommen hatte. Ununterbrochen wollte er mir Gutes tun und bekochte mich mit der Puppenküche, natürlich im Spiel. Er war die nährende Mutter, ich das Kind, das er aufpäppeln wollte. Dabei erzählte er einmal, dass seine Mutter am Tag zuvor Salz statt Zucker in den Grießbrei gestreut habe, so dass er ungenießbar gewesen sei. Das Bild war unmissverständlich, die Mutter hatte ihm nicht die rechte Nahrung gegeben. Er begann, mich zu idealisieren. Nach wenigen Stunden war ich spürbarer Mittelpunkt seines Lebens. Er überschüttete mich mit Geschenken, mit Essen und Trinken, mit realen Wünschen nach gemeinsamem Wohlbehagen. Er wünschte sich eine harmonische Welt und schuf immer neue Rollenspiele. So brachte er zur letzten Stunde ein sorgfältig geschriebenes und verziertes Programm für eine gemeinsame Weihnachtsfeier mit. Ich habe das Blatt bei den Unterlagen gefunden:

Weihnachtsfeier in B.
Lied: EK.6. Vers 1–3
Begrüßung: Gerhard B.
Stück für Flöte v. Georg Friedr. Händel
»Weihnachten« Ansprache von Gerhard B.
Lied 28 Vers. 1,3,8,9
»Was fällt uns bei Weihnachten ein«: Hans Hopf
Gebet von Gerhard B.
Bescherung und Festliches Essen

Damit brachte er mich in ein behandlungstechnisches Dilemma. In der Psychotherapie eines Kindes sollen keine realen Wünsche befriedigt werden. Über Wünsche sollte gesprochen und fantasiert werden. Doch ein Kind mit solchen frühen Defiziten wie Gerhard sehnt sich nach intensiver Verschmelzung mit einem »nur guten Wesen«. Aus diesem unbewussten Verlangen kann beim Therapeuten in der Gegenübertragung leicht ein intensiver Sog entstehen, über sein Handeln auch nur Gutes tun zu wollen. Bestärkt der Therapeut durch sein Tun diese unbewussten Wünsche, kann beim Patienten leicht die Illusion entstehen, nochmals wie ein Kleinkind versorgt zu werden. Das war eine schwer zu bewältigende Gratwanderung, denn wenn ich Gerhard die Erfüllung seiner Wünsche verweigerte, würde er in einem Maße frustriert werden, das zu ertragen er noch nicht imstande war. Ich suchte ständig einen Mittelweg zwischen Befriedigung und leichter Frustration. Ich spürte gleichzeitig, wie mir dieses Kind ans Herz wuchs wie kein anderes. Aggressionen blieben außen vor. Gelegentlich kam es zu kleinen, liebevollen Spitzen. So erzählte Gerhard einmal eine Geschichte über Sigmund Freud. Der sei mit seinen Freunden mal wieder in die Wirtschaft gegangen. Dort habe er seinen Geldbeutel mit den Worten geöffnet: »Mal schauen, ob ich noch Durst habe«. Meine Praxis lag damals im Haus meiner Schwiegermutter. Nach der Begegnung mit einer Frau fragte Gerhard zu Beginn einer Stunde: »Welche ist jetzt Ihre Schwiegermutter, die lange Dürre oder die kleine Hutzel?« Er war ein kleiner Witzbold.

Anders war es bei den Eltern. Sie konnten nicht von ihren Träumen vom perfekten Kind lassen. Sie bemerkten nicht, dass sich Gerhard in der Schule verbesserte, dass seine motorische Unruhe schwand, die Aufmerksamkeitsprobleme besser wurden. Sie sahen immer nur seine skurrilen Taten. Einmal fand er einen Topf mit blauer Farbe und malte in Abwesenheit der Eltern die Gartenmöbel neu an. Dann kam er mit dem Wunsch, sich eine Henne zu kaufen, die doch nur 4 DM kosten würde. Der Vater meinte in einem

Gespräch, Gerhard würde alle Ideale seiner Familie mit Füßen treten. Und dann erzählte die Mutter zu meinem Erschrecken, die Ärztin im Kinderheim habe ihnen damals abgeraten, Gerhard, den Kümmerling zu adoptieren – »hätten wir nur auf sie gehört«! Je mehr ich aufzuzeigen versuchte, dass Gerhard in vielen Bereichen Fortschritte machte, desto ablehnender wurden beide. Ich verzweifelte fast über meine Bemühungen, ihren strengen Blick auf den mittlerweile dreizehnjährigen Jungen zu verändern.

Dann kam die Pubertät mit Macht. Unsere harmonische Beziehung änderte sich nicht. Zu Hause war alles anders. Gerhard war 15 Jahre alt und stand kurz vor dem Hauptschulabschluss. Die Eltern ertrugen den Jugendlichen mit seinen Pubertätsallüren noch schlechter als zuvor. Er hatte Größenfantasien, äußerte – aus Sicht beider Eltern – dauernd abstruse Ideen. Die Eltern verlangten ein Gespräch mit mir und wünschten, die Therapie zu beenden. Sie hätten das Gefühl, ich würde Gerhard einseitig unterstützen, ihn bei seinen abgehobenen Fantasien bestätigen und ihr Leid nicht sehen. Das Gespräch verletzte mich sehr, war doch mein Bestreben immer gewesen, dass sich Gerhard und seine Eltern annähern würden. Ich hatte das Gefühl, dass Gerhard große Fortschritte gemacht und einen recht ordentlichen Hauptschulabschluss abgelegt hatte. Seine Eltern sahen jedoch nur die negativen Seiten. Es war zu einem Eklat gekommen, als er an einem Sonntag leicht angetrunken aus einer Wirtschaft zurückgekehrt sei. Gerhard habe erzählt, dass er einen interessanten Mann kennengelernt habe, mit dem er sich häufiger treffen wolle. Ich war nach dem Gespräch äußerst unglücklich, hatte das schlimme Gefühl, bei der Bearbeitung der Familienproblematik gänzlich versagt zu haben. Zusätzlich verstörte mich, dass die Eltern mit Gerhard nicht über die Gründe unseres Abschieds gesprochen hatten. Sie teilten ihm lediglich das Ergebnis unseres Gesprächs mit. Entsetzt kam Gerhard zur nächsten Stunde, natürlich wollte er die Therapie nicht beenden. Ich musste ihm jedoch sagen, dass es ein Ergebnis des gemeinsamen

Gesprächs mit den Eltern sei, und wir vereinbarten den Abschluss unserer gemeinsamen Arbeit vor den Sommerferien. Es war einer jener Abbrüche, die einen Therapeuten unglücklich machen und über den Sinn seiner Arbeit nachdenken lassen. Dennoch habe ich den Eltern zu keiner Zeit Vorwürfe gemacht. Es waren redliche Menschen. Sie konnten nicht von ihren Fantasien von einem »Traumkind« und von ihren starren Vorstellungen lassen.

Wäre die Behandlung wirklich beendet worden, hätte ich über diese Fallgeschichte nicht berichtet. Aber Gerhard konnte sich nicht von mir trennen. Er rief mich heimlich an, obwohl es ihm die Eltern verboten hatten und schrieb mir regelmäßig Briefe. Was sollte ich tun? Die Eltern durften nichts davon erfahren, andererseits war Gerhard 16 Jahre alt und konnte selbst über therapeutische Maßnahmen bestimmen. Dann erhielt ich einen Brief von ihm, der mich verwirrte, ja erschreckte. Die Schrift war wie gedruckt, durchsetzt mit Buchstaben der längst vergangenen Sütterlinschrift, die Rechtschreibung korrekt. Der Inhalt des Briefs war durchweg depressiv und voller Selbstanklagen. Gerhard schrieb: »Ich habe Liebe in überfülltem Maße empfangen und habe sie nie zurückgegeben. Daran ist ein Vater-Mutter-Sohn-Verhältnis gescheitert. Wir haben nichts Verbindendes mehr und sprechen nur das Allernötigste miteinander. Vielleicht gehe ich ganz still und leise aus dieser Welt, irgendwann! Ich bin so weit, mich ein Wrack zu nennen!« Hinter Gerhards Unruhe und seinem impulsiven Handeln hatte ich schon immer eine abgewehrte Depression vermutet. Ein mir nicht bekanntes Ereignis hatte offensichtlich zum Ausbruch geführt. Er fuhr in seinem Brief fort: »Ich fühle mich zutiefst schuldig, aber wie soll ich diese Schuld abtragen? Ich werde verrückt, wenn ich diese Schuld immer tragen werde. Helfen Sie mir durch ein Gespräch oder durch einen Brief. Ich zahle Ihnen alles, was ich habe.«

Selbstverständlich lud ich ihn zu einem Gespräch, von dem die Eltern nichts erfahren durften, was mich gleichzeitig verunsicherte. Wir hatten uns seit unserer Abschiedsstunde nicht mehr gesehen. Gerhard war überglücklich, strahlte über sein ganzes Gesicht. Mir ging es ebenso! Wir setzten uns in die Gesprächsecke, wo Gerhard immer so gerne mit mir gesessen hatte. Er begann von seinem schlechten Gewissen zu erzählen, von seinen Schuldgefühlen und wie unglücklich er darüber sei, die Eltern nicht akzeptiert zu haben. Schließlich leitete er zu dem Eklat über, von dem seine Mutter berichtet hatte. Er sei allein in die Dorfwirtschaft gegangen. Am Stammtisch habe ein etwa dreißigjähriger Mann gesessen. Der sei ihm spontan sympathisch gewesen. Sie hätten sich über vieles unterhalten, und er habe festgestellt, dass er diesen Mann uneingeschränkt liebenswert gefunden hatte. In seinem Brief hatte Gerhard auch angemerkt, dass er zwar alte Damen beglücken konnte, von jungen Mädchen wegen seines Auftretens und Benehmens jedoch verlacht werde. Langsam begriff ich, was mit Gerhard vorgegangen war. Er hatte entdeckt, dass ihm junge Mädchen unansehnlich erschienen, Männer ihn jedoch faszinierten.

Ich habe das »Coming out« vieler Jugendlicher therapeutisch begleitet. In Gerhards Erzählung nahm ich jenes himmlische Gefühl wahr, das schwule Jungen erleben, wenn sie ihr eigentliches Begehren entdecken und zulassen können. Ich bestätigte Gerhard darin, dass es wunderbar sei, zu seinen wahren Gefühlen zu finden. Gleichzeitig spürte ich große Sorgen, wie seine Adoptiveltern damit umgehen würden. Was ich bislang nicht erwähnt habe, beide waren streng katholisch.

Nach wenigen Monaten erreichte mich ein Brief der Mutter mit folgendem Text: »Es hat sich herausgestellt, dass Gerhard uns ablehnt und auch nicht gewillt ist, etwas von uns anzunehmen. Das hat uns nun endgültig zu dem Entschluss gebracht, dass Gerhard bald aus dem Haus gehört. Wir wollen ihn nicht quälen, und wir werden auch nicht gerne gequält. Es ist höchste Zeit, dass er von uns wegkommt!« Gleichzeitig bat sie, ich solle mit Gerhard ein Gespräch führen. Ich sollte mit ihm überdenken, wo er in Zukunft leben wolle. Mir gegenüber würde er aufgeschlossener sein, und es kamen Worte, die mich zu dem Zeitpunkt überraschten, »weil Sie es gut mit ihm meinen«.

Die Eltern hatten immer gedroht, den Jungen wieder ins Heim zurückzubringen. Jetzt hatten sie entschieden, sich endgültig von Gerhard zu trennen. Ich erlebte einen sehr gefassten Gerhard, er hatte sich damit abgefunden, nicht mehr bei seinen Adoptiveltern zu leben. Wir fanden ein Jugenddorf, in dem Gerhard seine begonnene Schreinerlehre fortsetzen konnte. Erstaunlich schnell fand er sich dort zurecht und wurde rasch ein beliebter Mitbewohner.

Problematische Kinder und Jugendliche erleben in einer neuen Umgebung nicht selten einen Entwicklungsschub, weil die belastende Familiensituation wegfällt. Gerhard hatte unter ständigen Schuldgefühlen gelitten, er hatte seinen Eltern nichts mehr recht machen können. Jetzt konnte er sogar ungestört seinen homosexuellen Neigungen nachgehen. Er schrieb mir, dass er von der Jugenddorfleitung öffentlich gelobt worden sei. Viele Mitbewohner versuchten ständig, junge Mädchen mit aufs Zimmer zu nehmen. Gerhard wurde als ein vorbildlicher Jugendlicher beschrieben, denn er halte sich an die Regeln. Zu ihm kämen nur seine Freunde. Dass es dabei hoch herging, wie mir Gerhard versicherte, hatte sich im frommen Jugenddorf niemand vorstellen können. Zum ersten Mal schien sich der jetzt junge Mann zufrieden und glücklich zu fühlen. Er engagierte sich politisch in der Friedensbewegung, und ich freute mich über seine Entwicklung.

Gerhard rief nur noch selten an, schickte mir aber ständig Briefe, die über seinen Alltag Auskunft gaben. Dann kam es zum Paukenschlag. Ich war Therapeutischer Leiter eines psychotherapeutischen Heimes geworden. Eines Abends rief Gerhard an. Er weinte schrecklich und konnte erst nach einiger Zeit sagen, warum er anrief: Er sei HIV-positiv. Es war Ende der neunziger Jahre. Die Diagnose HIV bedeutete damals, dass in absehbarer Zeit das Endstadium Aids ausbrechen konnte. Dies war quasi ein Todesurteil. Ich hatte von ersten Therapien gehört und fragte natürlich, ob er in Behandlung sei. Gerhard sagte, dass er schon wegen seiner massiven Symptome therapiert werde. Er habe Fieber, Gliederschmerzen und einen Hautausschlag. Die Ärzte hätten gemeint, seine Immunschwäche sei weit fortgeschritten. Er könne jederzeit an einem Infekt sterben. Dann schrie Gerhard am Telefon: »Ich will doch nicht sterben. Die blöde Sau hat mich infiziert. Er hat gewusst, dass er HIV-positiv war, und er hat es mir nicht gesagt«.

Nach dem Telefonat war ich wie zerstört. 1985 war der Filmstar Rock Hudson an Aids gestorben, obwohl er alle medizinischen Hilfen in Anspruch genommen hatte: ein schwerreicher Mann, dem sämtliche Mediziner der Welt dennoch nicht hatten helfen können. Von jetzt an rief Gerhard beinahe jede Woche einmal an. Ich wohnte fast 100 km entfernt von ihm, bot ihm dennoch an, zu mir zu kommen. Aber er fühlte sich zu schwach dazu. Von Mal zu Mal dauerten die Gespräche länger, wurde seine Todesangst größer. Ich hatte dennoch das Gefühl, unsere Telefonate würden ihn ein wenig erleichtern. Dann rief er nochmals an. Er weinte und äußerte, er wolle doch nicht sterben, jetzt mit gerade mal dreißig Jahren. Er habe eine Lungenentzündung und müsse ins Krankenhaus. Nach der Entlassung würde er sich sofort telefonisch melden. Er hat nicht mehr angerufen. Wenig später habe ich gehört, dass Gerhard gestorben war. Ich war unendlich traurig. Gerhard hatte sich zeitlebens nach Liebe gesehnt, sie hat ihn am Ende getötet.

Ich fühle mich bis heute schuldig. Mir war es aus vielen Gründen nicht gelungen, die Adoptiveltern mit Gerhard zu versöhnen. Andererseits war mir der Junge so sehr ans Herz gewachsen wie kein anderer Patient. War ein Grund für das Scheitern gewesen, dass er mich zu sehr idealisierte? Auf alle Fälle kann ich Gerhard nie mehr vergessen.

Ich habe den Text vor dem Abdruck meiner ehemaligen Kollegin Hildegard Linge, ehemals Erziehungsleiterin im therapeutischen

Heim, geschickt. Sie schreibt: »Deine Betroffenheit hast du eindrücklich beschrieben. Ich schreibe dir noch einen Gedanken auf, der mir wichtig erscheint. Das Wort »ungerecht« fiel mir immer wieder ein. Für Gerhard endete die Suche nach Liebe (geliebt werden) mit dem Tod. Das macht, glaube ich, jeden hilflos, der deinen Bericht liest. Und doch dachte ich, durch deine Sicherheit und Zuneigung, die du ihm über Jahre geben konntest, fand er den Willen, um sein Leben zu kämpfen, zu flehen, am Leben zu bleiben. Mindestens für einen Menschen war er, so wie er war, liebenswert. Ich bin sicher, dass er mit diesem tief sitzenden Wissen befriedeter sterben konnte. Um wieviel ärmer, leerer, vermutlich auch chaotischer wäre dies Leben verlaufen, ohne eure sichere Beziehung, deinen sicheren Halt. Ich will nichts beschönigen und doch bin ich sicher, du hast ihm überhaupt erst geholfen, so leben zu können. Es ist wie bei einem Bühnendrama, ich wünsche mir immer, es möge doch noch ein gutes Ende geben. Aber ein Regisseur kann das Geschriebene des Autors nicht verändern. Du hast es jedoch sicher begleitet!

In diesem Text zeigst du unsere menschliche Begrenztheit auf. Du kannst als Therapeut geliebt, angebetet und vergöttert werden, jedoch bist du kein Gott / keine Göttin und wirst es nie werden, sondern immer ein »begrenzter« Mensch bleiben. Das möchten heute viele Menschen, auch Therapeuten nicht gern lesen! Deshalb ist der Text so wichtig«.

6

Das Ferienhaus, die Darmgrippe und ein Traum

Einfach gesagt, handelt es sich beim Träumen um unser Erleben während des Schlafes. Wir denken, fantasieren und ›tagträumen‹ im Wachzustand unentwegt, warum soll das während des Schlafens aufhören? Ein wichtiger Unterschied besteht jedoch: Während des Schlafes werden alle Sinnesorgane quasi ausgeschaltet, nichts soll den Schlaf stören, den jetzt der Traum hütet, darum bilden sich ausschließlich Fantasien aus dem Unbewussten ab. Doch welche Funktionen hat das Träumen? Die wohl wichtigste Aufgabe ist, Konflikte, die tagsüber ungelöst geblieben sind, zu bewältigen. Die amerikanische Traumforscherin Rosalind D. Cartwright schrieb 1982, dass Träumen nach bisherigem Stand der Forschung eine Art »Reparaturwerkstätte zur Wiederherstellung unseres Selbstwertgefühls und des Bezugs zur Wirklichkeit« sei. Diese Definition hat mir immer sehr gefallen, ich habe mich ebenfalls in mehreren Büchern mit dem Thema beschäftigt.

Die Träume von Kindern bis etwa zum fünften Lebensjahr bezeichnete Freud als kurz, klar, kohärent, leicht zu verstehen und unzweideutig. Er verstand sie als einfache, meist an ein Vortagsereignis anknüpfende unverhüllte Wunscherfüllungen. Erst von diesem Alter an setze in der Regel die Traumentstellung ein, und die Träume würden komplizierter. Freud interessierte sich nicht per se für die Träume der kleinen Kinder, sondern weil er in ihnen einen Nutzen für das Studium der Träume der Erwachsenen vermutete:

»Die allereinfachsten Formen von Träumen darf man wohl bei Kindern erwarten, deren psychische Leistungen sicherlich minder kompliziert sind als die Erwachsener. Die Kinderpsychologie ist nach meiner Meinung dazu berufen, für die Psychologie der Erwachsenen ähnliche Dinge zu leisten wie die Untersuchungen des Baues oder die Entwicklung niederer Tiere für die Erforschung der Struktur der höchsten Tierklassen. Es sind bis jetzt wenig zielbewusste Schritte geschehen, die Psychologie der Kinder zu solchem Zwecke auszunützen«. Freud (1916/1917)

Mich hat dieser Vergleich Freuds von kleinen Kindern mit niederen Tieren immer befremdet. Ich habe als Therapeut und als Vater festgestellt, dass die Träume von Kindern eine höchst differenzierte Selbstdarstellung ihrer augenblicklichen Lebenssituation sind. Freud definierte den Traum insgesamt als die *verkleidete Erfüllung eines unterdrückten und verdrängten Wunsches.* Wollen wir den Traum eines Kindes verstehen, sollten wir also versuchen, die darin ausgedrückte Wunscherfüllung zu erkennen.

Ich erzähle vom Traum meiner ältesten Tochter Stefanie. Kinderpsychotherapeuten sind, wie kann es anders sein, nach Möglichkeit ganz normale Väter. Doch wer psychoanalytisch denkt, kann das nicht aus seinem Alltag ausblenden. Ich habe mich immer gefreut, Phänomene, die von der Psychoanalyse beschrieben worden sind, bei meinen Kindern zu entdecken. Auch hatte ich das Gefühl, angemessener mit ihren Konflikten umgehen zu können.

Die folgende Geschichte trug sich zu, als Stefanie fünfeinhalb Jahre alt war. Bei mehreren Kindern im Kindergarten war eine fieberhafte Darmgrippe aufgetreten, auch bei Stefanie. Das wäre nicht weiter schlimm gewesen, aber am Samstag der Woche wollte unsere Familie in den Urlaub fahren – ein Ferienhaus in F. war schon gemietet. Stefanie kannte den Ferienort, denn im vorangegangenen Jahr waren wir schon einmal dort gewesen.

Nun lag sie bleich mit großen Augen im Bett, hatte Fieber, und alle Familienmitglieder waren traurig. Nicht nur weil die kleine Stefanie krank war, insgeheim natürlich auch, weil der schöne Urlaub ins Wasser zu fallen drohte. Denn die Eltern hatten es laut und deutlich ausgesprochen: Ob und wann in den Urlaub gefahren würde, musste davon abhängen, wann »die Kleine« wieder ganz gesund sein würde. Ansonsten würde man lieber verzichten. Damit aber hatte man Stefanie die ganze Verantwortung für die Zufriedenheit der Familie aufgebürdet, und das lastete zentnerschwer auf ihr.

In der folgenden Nacht schläft das Mädchen sehr unruhig, muss mehrmals auf die Toilette, möchte trinken, erbricht. Nach einiger Zeit fängt sie an, laut zu weinen und ruft nach ihrer Mutter. Ganz bleich sitzt sie in ihrem Bett und heult herzzerreißend. Für Kinder ist es oft schwieriger als für Erwachsene, zwischen dem Traumleben und der Wirklichkeit zu unterscheiden und aus dem Traum in die Wirklichkeit zurückzufinden. Eine Verstärkung der gewohnten Umweltreize übt deshalb meist schon eine hilfreiche Wirkung aus: Meine Frau macht erst einmal das Licht an, nimmt das Mädchen in den Arm, so dass es die Körperwärme spürt und nicht mehr das Gefühl hat, allein zu sein. Sie spricht beruhigend zu der Kleinen, singt ihr ein Lied vor, und wenig später sind Stefanies Augen wieder zugefallen. Die Mutter lässt die Tür einen Spalt offen, damit etwas Licht ins Zimmer fällt, doch das Mädchen schläft durch. Und am nächsten Morgen erzählt es: »*Heute Nacht hab ich geträumt, wir sind in F. angekommen. Aber das ganze Haus war leer. Es waren keine Möbel drin zum Wohnen. Da mussten wir wieder heimfahren.*«

Es wäre ein Missverständnis anzunehmen, es gäbe keine alltäglichen Konflikte in den Träumen der Kinder. Sie sind sogar in der

Überzahl, wie auch neuere Untersuchungen nachweisen konnten. Nur werden sie von Kindern seltener erzählt, weil sie den kleinen Träumerinnen und Träumern oft als banal und langweilig erscheinen.

In diesem Traum geht es um ganz alltägliche Konflikte. Wenn man annimmt, dass Stefanie sich in dem Traum einen Wunsch erfüllte, dann mutet die leere Wohnung am Ferienort zunächst abwegig an. Doch nur auf den ersten Blick. Bei genauerem Hinsehen erscheint es sogar zwingend notwendig, dass die Wohnung im Traum leer ist – denn dann braucht man ja gar nicht erst hinzufahren. Dann können alle genauso gut gleich hierbleiben, und Stefanie darf mit gutem Gewissen krank bleiben; sie ist nicht mehr »schuld« daran, dass die Urlaubsreise ins Wasser fällt.

Weil sie ihre Eltern so gern hat, ist ihre Angst groß, ihre Liebe zu verlieren. Stefanie hat sehr wohl gespürt, auch wenn man es ihr nicht direkt gezeigt hat, dass ihr ein leiser Vorwurf gemacht würde, wenn der schöne Urlaub ihretwegen nicht stattfinden sollte. Insofern scheint der Konflikt im Traum bestens gelöst worden zu sein: Ich bin nicht schuld daran, dass es keinen Urlaub gibt und verliere deshalb auch nicht die Liebe meiner Eltern, denn die Wohnung war ja leer, und das war nun wirklich nicht meine Schuld. Trotzdem war der Traum offenbar mit Angst und Schrecken verquickt. Das rührt daher, dass die Wunscherfüllung im Traum nur unvollkommen gelang. Die bei Stefanie offenbar vorhandenen Schuldgefühle setzten sich zu nachdrücklich durch. Sie ließen sich auch durch die Vortäuschung der leeren Wohnung in F. nicht ganz beschwichtigen, und deshalb ist die Wunscherfüllung missglückt. Das Mädchen erwachte, weil die Angst immer größer wurde. Wenn wir in Betracht ziehen, dass Stefanie gerade einmal fünf Jahre alt war, so ist die überzeugende Lösung ihrer Konflikte im Traum ungemein beeindruckend.

Die Traumschilderung und das angstvolle Erwachen ihrer Tochter ließ die Eltern erkennen, wie schwer die Schuldgefühle auf das

Mädchen drückten. Der Traum bewog die Eltern, nun anders zu entscheiden: Darmgrippe hin, ärztlicher Rat her – das Auto wurde so hergerichtet, dass Stefanie bequem drin liegen konnte, und die Familie fuhr zum vereinbarten Termin ins Ferienhaus. Schon am nächsten Tag war das Mädchen fieberfrei, wenig später ganz gesund, und die Familie verlebte einen erholsamen Urlaub.

Während der Nachkriegswirren lebte ich bei meiner Großmutter, die mich fast an jedem Morgen fragte, was ich geträumt habe. Dann erzählte sie mir, dass nachts meine Seele den Körper verlasse und alles wirklich erlebe, was ich träumen würde. Ich erinnere noch heute, dass ich die Aussage meiner Großmutter damals wohlig gruselnd, aber gleichzeitig voller Stolz ob meiner grandiosen nächtlichen Abenteuer hinnahm. Sie hat mit ihrer Äußerung – die vielleicht ein wenig zu konkret formuliert war – in gewisser Weise recht gehabt und mit ihrer Aufforderung mein lebenslanges Interesse an Träumen geweckt. Kinder berichten von ihren alltäglichen Überlegungen und Fantasien. Konsequent wäre es, sie von ihren nächtlichen Abenteuern berichten zu lassen. Doch viele Eltern befürchten, dass Träume nur schwer zu verstehen seien, weil sie aus dem Unbewussten kommen, und dass sie etwas falsch machen könnten, weil sie keine ausgebildeten Psychotherapeuten sind. Träume besitzen nach wie vor den Charakter von etwas Geheimnisvollem, Rätselhaftem, und nicht selten wird befürchtet, durch die Beschäftigung damit womöglich negative psychische Prozesse auszulösen. Aber diese Ängste sind unberechtigt. Denn wenn ein Kind uns einen Traum erzählt, so entsteht ein Dialog. Der Traum erfährt so seinen Sinn, das Kind eine Bestätigung: Erst in der Interaktion lernt das Kind zu träumen und uns künftig Träume zu erzählen.

7

Ein ängstliches Kind

Eduard kam mit 16 Jahren zu einem ersten Vorstellungsgespräch. Trotz seines jugendlichen Alters und seiner Größe von 1,93 m wirkte er auf mich wie ein zu groß geratener Säugling. Dazu trug das Korsett bei, das er wegen einer Skoliose unter der Kleidung tragen musste. Eduard sprach mit lauter, wenig modulierter, sehr hoher Stimme und gab mir kaum Gelegenheit, auch einmal etwas zu sagen. Von Beginn an fiel mir seine pseudofröhliche Geschwätzigkeit auf sowie seine Neigung zu makabren, gelegentlich sadistischen Fantasien.

Eduard litt unter fast allen Ängsten, die einen Menschen quälen können. An erster Stelle waren es Ängste vor Trennung und Verlust, Ängste allein zu sein und vor Dunkelheit. Weiterhin hatte der Junge Angst vor Gewittern, auf Höhen zu sein und dann abzustürzen. In den letzten beiden Jahren war noch etwas anderes, Erschreckendes zu den Ängsten hinzugekommen. Beim Anblick von spitzen Gegenständen entstand in Eduard der Impuls, sich diese in den Körper, in die Augen stechen zu müssen. Diese Zwangsgedanken wurden von ihm als besonders peinigend erlebt. Wurde Eduard kritisiert oder anderweitig gereizt, konnte er mit schlimmen Wutausbrüchen reagieren. Seit seiner Geburt war bekannt, dass er an einer Chromosomenstörung litt, die dafür bekannt ist, dass Affektdurchbrüche als Begleiterscheinung auftreten können. Später, als er den Führerschein hatte, fuhr Eduard auf fahrende Autos, von denen er sich behindert fühlte, rücksichtslos von hinten auf, blinkte und hupte, so dass sich die vor ihm fahrenden Autolenker in gefährlicher Weise bedrängt sahen.

Eduard konnte andere Menschen nur schwer empathisch wahrnehmen. Bereits die laute Stimme ließ erkennen, dass Eduard seine Gegenüber nicht ausreichend wahrnahm, beziehungsweise ihnen kein eigenes Seelenleben zubilligte. Dennoch verspürte ich tiefes Mitgefühl mit ihm. Er hatte vor allen Objekten und Geschehnissen der Außenwelt Angst. Auch seinem Innern vertraute er nicht, ständig fürchtete er, schwer erkrankt zu sein. Ein solches fortgesetztes Misstrauen in das eigene Selbst wird als eine hypochondrische Befürchtung bezeichnet. Ich bekam einen ersten Eindruck von der Heftigkeit seiner Ängste, als er ganz am Anfang der Therapie in eine Stunde kam. Eduard wirkte anders als sonst, verstört und beinahe desorientiert. Er habe sich nachmittags zum Schlafen hingelegt und dabei einen schrecklichen Traum gehabt. Er habe geträumt, er sei tot. Als er erwachte, habe er entsetzt begriffen, dass er nach dem Tod aus der Welt verschwunden und nicht mehr da sei, nichts mehr wahrnehmen, nicht mehr denken könne. So wie vor seiner Geburt, als er noch kein Bewusstsein gehabt habe. Beim Aufwachen habe er panikartige Gefühle gespürt.

Der Psychoanalytiker Wilfred Bion hat solche Ängste auch als namenlose Ängste bezeichnet. Darunter verstand er die körpernahen Ängste des hilflosen Säuglings, der sich einer zerstörerischen Welt ausgeliefert sieht. Erst eine Mutter, die diese Ängste in sich aufnimmt und sozusagen verdaut, kann seine namenlosen Ängste verändern.

Eduard wurde von einer jungen Mutter geboren, die wenig später an einer postnatalen Depression litt. Der Vater hatte sich nach der Geburt von ihr getrennt. Nach wenigen Monaten wurde Eduard in eine Pflegefamilie verbracht, die Pflegemutter war eine entfernte Verwandte. Als die Depression schwand, die Mutter sich wieder wohler fühlte, holte sie den jetzt vierjährigen Jungen zurück zu sich. Inzwischen war auch der Vater wieder zurückgekehrt. Von jetzt an wurde Eduard von den Pflegeeltern gänzlich ferngehalten, obwohl er sich andauernd nach ihnen sehnte. Im Kindergarten fiel seiner Erzieherin auf, dass er apathisch auf seinem Stuhl saß und ein Stofftier an sich presste. Zu Hause zeigten sich Einschlaf- und Trennungsängste, das Kind schaffte es nicht allein zu sein. Dann wurde Eduards Mutter erneut schwanger. Nach der Geburt des Kindes fühlte sich die Mutter wiederum hilflos und überfordert. Die Depression schwand nie mehr ganz. Mit acht Jahren wurde Eduard wieder in die Pflegefamilie gegeben und später adoptiert.

Bereits in seinen ersten Lebensjahren war die Chromosomenstörung festgestellt worden, die Hoden blieben klein, außerdem wurde ein Hodenhochstand diagnostiziert. Beim Hodenhochstand befinden sich die Hoden bei der Geburt nicht im Hodensack, sondern noch im Bauch oder in den Leisten. Nach einer Hormonkur wurde Eduard operiert, wenig später auch am Blinddarm. Was eine Operation für ein Kind bedeutet, hängt nicht nur von ihrer Schwere und Art ab, sondern auch vom Entwicklungsstand, von der Lebensgeschichte und der seelischen Struktur des Kindes. Diese war bei Eduard erkennbar desolat. Ich ging davon aus, dass Eduard wegen dieser Eingriffe in seiner Männlichkeitsentwicklung beschädigt wurde. Später wurde noch eine Skoliose festgestellt, Eduard musste fünf Jahre in einer Gipsschale schlafen und ein Korsett tragen, was ihn unförmig und ungelenk erscheinen ließ. Deswegen wurde er auch von seinen Mitschülern verspottet. Die Pubertät war bislang nur wenig fortgeschritten, was auch Teil der Chromosomenstörung war.

Mit diesem an Körper und an der Seele schwer verletzten Jungen begann ich mit einer Psychotherapie. Vor dem Hintergrund aller körperlichen Belastungen und den frühen Bindungs- und Beziehungsstörungen erschien die Prognose nicht sonderlich günstig.

Eduards Mutter hatte an einer postnatalen Depression gelitten. Eine depressive Mutter ist von tiefer Trauer gefangen, so dass eine lebendige seelische Beziehung zum Kind nur eingeschränkt möglich ist. Dabei steht nicht die mangelhafte Versorgung im Vordergrund, sondern ein ständiger Liebesentzug. Für das Kind ist diese Leere nicht zu erfassen und ohne Sinn. Es ist eine enorme Verletzung, die zu einer Veränderung des Mutterbildes im Kind führt, das Kind verinnerlicht eine unbelebte Mutter! Aktivität, Aggression, Sexualität, alle Lebendigkeit werden eingeschränkt oder sind unmöglich. Ich verstand die pseudofröhliche Geschwätzigkeit des jungen Mannes immer besser. Mit ihr versuchte Eduard seine Ängste einzudämmen und seine depressive Leere zu übertünchen.

In der Therapie entwickelte sich, zu meiner Überraschung, rasch eine intensive Beziehung. Inzwischen war Eduard achtzehn Jahre alt geworden. Im Mittelpunkt standen für ihn die Adoptiveltern, die sich rührend um den Jugendlichen bemühten. Die Mutter war etwas übergriffig und behütete Eduard sehr. Der Vater wirkte wenig männlich, eher wie eine zweite Mutter, aus diesen Gründen wurde die Autonomieentwicklung nur wenig unterstützt. Ich verspürte den ständigen Auftrag, Eduard in die von ihm gefürchtete Welt begleiten zu müssen. Er musste lernen, Fähigkeiten zu entwickeln, die dauernden Ängste auszuhalten und sie von seinem Bewusstsein fernzuhalten. Doch immer neue Ereignisse verursachten reale Befürchtungen und reaktivierten alte Ängste. Eduard begann unter massiven Herzbeschwerden zu leiden. Ich ging zwar von einer psychischen Verursachung aus, doch der untersuchende Kardiologe vermutete eine organische Genese und ordnete eine Herzkatheteruntersuchung an. Damit wurden alte Befürchtungen lebendig, sterben zu müssen. Eduard wurde – wie oft in solchen Situationen – zum ganz kleinen Kind. Voller Angst kam er in die nächste Stunde und erzählte den folgenden Traum: »Mein bester Freund liegt auf der Couch. Ich bin allein mit ihm. Er ist kalt und tot, an Herzversagen gestorben. Ich habe schuld an seinem Tod und wache voller Angst auf.«

Der Traum bildete einerseits die reale Angst des jungen Mannes ab, andererseits auch das verinnerlichte Bild einer depressiven Mutter. Die geplante Herzkatheteruntersuchung wurde vorbereitet. Der Katheter sollte in der Leistengegend eingeführt werden, bereits die Vorbereitungen dazu bewirkten bei Eduard eine Panikattacke. In der Fantasie wurde sein gesamtes Selbst bedroht. Der 19-jährige Mann begann zu weinen und rief nach seiner Mutti. Die Untersuchung wurde abgebrochen. Zu einer neuen Untersuchung kam es nicht, die Herzprobleme von Eduard bildeten sich glücklicherweise zurück. So infantil dieses Verhalten von Eduard erscheinen mochte, verstand ich es auch als ein Aufbäumen gegen die ihm zugefügten schmerzhaften Eingriffe, auch wenn es ein Widerstand am falschen Ort war, denn die Untersuchung hätte lebenswichtig sein können.

Inzwischen hatte Eduard mit einer Verwaltungslehre begonnen, die er in erstaunlicher Weise bewältigte. Er musste mit Anzug und Krawatte erscheinen, was ihn reifer wirken ließ. Sein Selbstwert wuchs, mit ihm schwanden Ängste vor der Außenwelt. In Eduard wuchsen die Wünsche nach Autonomie, was mich zufrieden stimmte. Andererseits kannte ich auch die Tendenz des Jungen zum manischen Übertreiben, zur Überheblichkeit und einer naiven Nichtbeachtung von lebenswichtigen Befürchtungen.

Eduards Großvater väterlicherseits hatte von seinen Ersparnissen Gold gekauft. Er wollte seinen Enkel in schwierigen Lebenssituationen versorgt wissen und schenkte ihm Gold im Wert von damals etwa 5000 DM. Eduard erzählte mir das voller Stolz. Dabei erklärte er mir, dass er das Geld problemlos vermehren werde. Aus beruflichen Gründen hatte er sich inzwischen mit Betriebswirtschaft, Börse und Aktien beschäftigt, und ich ging davon aus, dass er mit Aktien spekulieren wollte. Zwar fürchtete ich, er könnte bei seinen Aktionen verlieren, sah aber seine Bemühungen als einen weiteren Schritt an, autonom zu werden. Dann kam Eduard eines Tages mit einer überheblichen Attitude in die Therapiestunde, strahlte und meinte zu mir, dass er bald ans große Geld kommen werde. Ich wurde neugierig, war gleichzeitig nicht sicher, ob Eduard mit einer solch großen Summe Geldes umgehen könnte. Schließlich ließ der junge Mann die Bombe platzen. Er hatte für den gesamten Wert des Goldes auf dem Drogenmarkt Haschisch erworben. Die Händler waren für das Gold sehr dankbar, so mussten sie kein Schwarzgeld waschen. Das Haschisch hatte er in Plattenform gekauft. Er erklärte, er wolle »Pieces« herstellen und sie auf dem Schwarzmarkt verkaufen. Gönnerhaft erklärte er mir, dem Unwissenden, dass man zu Pieces auch Kanten oder Ecken sagen könne.

Es fällt mir schwer, mein damaliges Entsetzen zu beschreiben. Zwar wurde es nicht bestraft, wenn jemand Haschisch zum Eigengebrauch kaufte. Was Eduard plante, war aber Dealen auf hohem Niveau. Ich wusste nicht genau, wie hoch die Strafe sein würde, aber bis zu fünf Jahre konnten es schon sein, denn er war erwachsen. Auch wenn Eduard sich noch nichts hatte zu Schulden kommen lassen, würde zumindest eine hohe Geldstrafe fällig werden. Offensichtlich nahm Eduard mein Erschrecken wahr und fragte: »Gefällt Ihnen denn das nicht? Der Wert des Goldes wird mindestens verdreifacht.« Ich wusste, so intensiv er seine neurotischen Ängste wahrnahm, so wenig konnte er reale Bedrohungen erkennen. Mit seiner naiven Unbedarftheit würde er rasch in eine Falle geraten.

Ich war in einer für Psychotherapeuten schwierigen Situation. Eduard wollte etwas selbstständig durchführen, was altersgerecht erschien. Aber ich konnte es nicht dulden, denn er plante ein Verbrechen. Andererseits hatte ich die Pflicht, verschwiegen zu sein und abstinent zu bleiben. Dennoch hatte ich weiterhin die Aufgabe, trotz Erwachsenenstatus, ein noch seelisch unmündiges Kind vor drohender Gefahr zu schützen. Also fragte ich nach den

Modalitäten. Eduard meinte, das habe er sich gründlich überlegt. Er werde Mitschüler auf dem Schulhof der Berufsschule ansprechen und nachmittags vor dem Café M. stehen, das ich als bekannten Drogenumschlagplatz kannte. Ich fragte Eduard, ob er nicht fürchte, auf dem Schulhof rasch entdeckt zu werden, von Lehrern oder Mitschülern. Eduard lachte, vor denen habe er doch keine Angst. Weiter überlegte ich, ob er vor dem Café nicht den gewerbsmäßigen Dealern rasch ein Dorn im Auge sein könnte. Dass sie ihn bedrohen oder schlagen könnten? Vor allem wies ich ihn darauf hin, was es für seine Berufsausbildung bedeuten würde, wenn er als Dealer vor Gericht käme. Jetzt wurde Eduard etwas nachdenklich. Denn er hatte weiterhin großes Vertrauen zu mir. Ich nahm ihm das Versprechen ab, sich alles bis zur nächsten Sitzung zu überlegen und auf keinen Fall vorher etwas zu unternehmen.

Eduard kam bleich und voller Angst in die nächste Sitzung. Seine manische Stimmung war umgeschlagen. Er hatte große Ängste, dass das Haschisch bei ihm gefunden werden könnte. »Ich will es wieder loshaben, meinte er, Sie müssen mir unbedingt dabei helfen!« Ich war froh, dass Eduard seine Einstellung geändert hatte. Aber, typisch für ihn, sollte ich jetzt für ihn auch noch aktiv werden? Durfte ich das als sein Psychotherapeut? Ich wusste, er würde mit seinem Haschisch rasch entdeckt werden, wenn er es verkaufen würde. Von Dealern würde er bedroht werden, von Konsumenten verraten. In jedem Fall würde es der Polizei nicht verborgen bleiben. Sollten seine Eltern alles Weitere regeln? Ich wusste sofort, dass sowohl Mutter als auch Vater damit überfordert waren. Mir war klar, dass ich jetzt alles an der Backe hatte. Ich versprach Eduard, dass ich mich umhören werde, auf jeden Fall dürfe er momentan nichts unternehmen. Mir fiel ein hoher Kripobeamter ein, den ich auf einer Tagung kennengelernt hatte. Ich rief ihn an und schilderte ihm den Vorfall anonym. Ich betonte, welche Bedeutung eine Strafe für Eduards weitere Entwicklung haben würde. Ich unterstrich auch Eduards Reue. Der Beamte fiel mir rasch ins Wort. Eigentlich müsste er sofort einen Streifenwagen bei mir vorbeischicken. Ich sollte mich umgehend an die Drogenberatung wenden, dann könne er davon absehen. Das tat ich. Der dortige Kollege hatte ähnliche Fälle schon häufiger geregelt. Er riet mir, das Haschisch zu vernichten, zusammen mit Eduard und einem weiteren Zeugen. Am besten mit dem Vater.

Ich hatte bereits A gesagt, jetzt musste ich auch B sagen. Ich musste handeln. In der nächsten Sitzung besprach ich mit Eduard, dass er alles seinen Eltern beichten müsse. Er verfiel in lautes Greinen, aber ich blieb unerbittlich. Er müsse selbst mit seinen Eltern sprechen, dann könnten wir einen Termin vereinbaren. Also standen wir eines Morgens um die Toilette in meiner Praxis, Eduard, sein Vater und ich. Die Situation entbehrte nicht einer gewissen Komik. Eduard war vom grandiosen Dealer zum kleinlauten, ängstlichen Kind geworden. Wir zerteilten die Haschischtafeln in ausreichend kleine Stücke. Diese spülten wir die Toilette hinunter. Ein wenig wehmütig wurde es mir ums Herz, als ich daran dachte, dass es Gold im Wert von 5000 DM war und wie viele Stunden der gutmütige Opa dafür gearbeitet hatte.

An diesem Vorfall arbeiteten wir lange Zeit. Eduard begriff, dass Ängste uns auch vor Gefahren warnen können, und wie wichtig es ist, sich in andere Menschen hineinzudenken. Einen großen Entwicklungsschritt bedeutete es, als Eduard sich mit einem Mädchen befreundete. Er schloss seine Lehre ab. Die Ängste hatten sich gemildert, die Zwangsgedanken waren verschwunden. Wir beendeten nach fast fünf Jahren die Psychotherapie.

Epilog

Etwa drei Jahre, nachdem ich die Behandlung von Eduard abgeschlossen hatte, musste ich intensiv an ihn denken. Ob er wohl sein Leben in den Griff bekommen hatte? Ob er mit seinen restlichen

Ängsten leben konnte? Ich rief spontan in der Familie an, denn ich ging davon aus, dass Eduard noch bei Mutter und Vater lebte. Am Telefon war Eduards Mutter. Als sie meine Stimme hörte, begann sie zu weinen. Sie freue sich, noch einmal meine Stimme zu hören. Ja, Eduard ginge es gut. Aber sie selbst sei verzweifelt, und sie weinte noch heftiger. Dann sagte sie mir, dass sie nur noch wenige Tage zu leben habe. Sie habe Brustkrebs im Endstadium, das Krankenhaus habe sie entlassen, weil nichts mehr zu therapieren sei. Die Frau war damals Anfang 50. Ich sprach längere Zeit mit ihr. Ich war schockiert und überlegte während des Gesprächs verzweifelt, was man einer Sterbenden sagen kann, die noch so gerne gelebt hätte. Es war rundum bitter! Natürlich war es Zufall, dass ich gerade zu dieser Zeit ihres Sterbens angerufen hatte. Andererseits sind mir im Leben einige seltsame Dinge widerfahren, die ich mit meinen naturwissenschaftlichen Kenntnissen nicht erklären kann. Wenige Wochen später meldete sich Eduard weinend bei mir. Mutti sei gestorben, und er wolle mit mir darüber sprechen. Wir führten einige Gespräche. Ich war davon überzeugt, dass Eduard aller Wahrscheinlichkeit nach sein weiteres Leben bewältigen werde. Seitdem habe ich nie mehr von ihm gehört.

8
Teufelskreis Missbrauch

Eine alleinerziehende Mutter hatte mich angerufen, weil der sechsjährige Jonas im Kindergarten untragbar sei. Er kenne keine Grenzen, sei unruhig und unbeherrscht und nicht mehr zu führen. Jonas sei im Grunde vaterlos aufgewachsen, kurz nach seiner Geburt sei der Vater wegen betrügerischer Hochstapelei ins Gefängnis gekommen. Die depressive Mutter, zudem an der Armutsgrenze lebend, war mit der Erziehung des Jungen überfordert. Sie neigte zum Verwöhnen, im nächsten Augenblick hingegen zur strengen Strafe. Ihr Verhalten schwankte zwischen Festhalten und Wegstoßen. Schließlich konnte die Mutter den Jungen kaum mehr begrenzen, und in kürzester Zeit tyrannisierte Jonas die Mutter und die ältere Schwester.

In einem der nächsten Gespräche teilte mir die Mutter mit, dass der Vater seine Strafe abgebüßt habe und demnächst entlassen werden sollte. Sie wisse noch nicht, ob sie ihn wieder in die Familie aufnehmen wolle. Ehe er verhaftet worden sei, habe er in verschwenderischem Luxus gelebt, habe auch sexuelle Beziehungen zu anderen Frauen gehabt. Dann sei er verhaftet und verurteilt worden und habe sie im Elend zurückgelassen. In jedem Fall wünschte sie sich, dass es zu Kontakten mit den Kindern kommen solle. Ich fragte Jonas' Mutter, ob ich mit dem Vater vorbereitende Gespräche führen solle. Zunächst zweifelte sie daran, dass dies einen Sinn habe, zeigte sich aber schließlich einverstanden. Jonas' Symptomatik machte deutlich, dass es an einem Grenzen setzenden Vater gefehlt hatte. Aber konnte das dieser Vater sein, der unverkennbar selbst nie gelernt hatte, Gesetze zu akzeptieren?

Zu meiner großen Überraschung war die Gefängnisbehörde sofort bereit, Jonas' Vater einmal in der Woche zu Gesprächen bringen zu lassen. Über den Verlauf des ersten Gesprächs will ich hier berichten. Eines Tages stand vor meiner Praxis ein Gefangenentransporter, den der Volksmund liebevoll »Grüne Minna« nennt. Ein Wachmann stand vor meiner Praxistür. Jonas' Vater, Herr K., begrüßte mich herzlich und war sichtlich erfreut darüber, mit mir sprechen zu dürfen. Er trug normale Kleidung. Von Anfang an fiel mir sein gewinnender Charme auf und seine große Offenheit. Ich hatte gefürchtet, der Vater würde mich als Teil einer Behörde sehen, die etwas zu entscheiden habe. Aber er sah in mir den Psychotherapeuten, dem er alles anvertrauen wollte.

Als Kind habe er Schwierigkeiten mit dem Lernen gehabt und darum die Förderschule besucht. Nach Abschluss der Schule habe er eine Schreinerlehre absolviert und sogar einen Gesellenbrief bekommen. Er habe aber nie in diesem Beruf gearbeitet, sondern immer nur Gelegenheitsarbeiten durchgeführt. Dann habe er geheiratet und überlegt, wie man ans ganz große Geld kommen könne. Darum habe er die IGRA gegründet, die »Internationale-Gemeinschaft-Raketen-Anlagen«. Er habe viele Hochglanzprospekte drucken lassen und Anteilscheine der Firma zwischen 1000 und 5000, damals noch DM, herausausgegeben. Diese Anteile waren offensichtlich nicht schwer zu veräußern, denn Herr K. versprach den Anlegern nach Fertigstellung der Raketen eine Rendite bis 30 Prozent. Nachdem ich das gewinnende Wesen von Jonas' Vater kennengelernt hatte, war mir klar, dass er mit seinem Charme und seiner Ausstrahlung leicht Kunden gewinnen konnte. Die Käufer waren größtenteils Akademiker, sogar ein Professor für Physik war dabei. Alles lief wunderbar. Das Geld mehrte sich, und von jetzt an lebte Herr K. wie ein Millionär: Er unternahm große und teure Urlaube, fuhr mehrere Autos und begann Liebschaften mit verschiedenen Frauen. Er fühlte sich grandios und überlegen, wie nie zuvor in seinem Leben. Ich spürte, wie es Herr K. genoss, auch mir seine Großartigkeit vorzuführen.

Doch schließlich wollten einige Anleger sehen, wo denn die Raketen gebaut werden sollten. Er führte sie zum Neubau irgendeiner großen Fabrik, und sie gaben sich damit zufrieden. Schließlich platzte die Bombe doch, als einige der Anleger ihr Geld zurückhaben wollten. Mittlerweile war fast alles verjubelt, Herr K. war zahlungsunfähig und wurde von einigen der Geprellten angezeigt. Er wurde verhaftet und in einem längeren Gerichtsverfahren zu vier Jahren Gefängnis verurteilt.

Warum wird ein ehemaliger Förderschüler zum Hochstapler auf höchstem Niveau? Das war mir bislang ein seelisches Rätsel geblieben. Dann erzählte mir Herr K. aus seiner Kindheit und Jugend. Der Vater sei als Vertreter während der Woche unterwegs gewesen. Als er etwa 14 Jahre alt gewesen sei, sei der Vater wieder einmal auf einer Reise gewesen. Die Mutter habe ihn eines Abends überredet, dass er mit ihr im Bett schlafen sollte. Beide hätten sich ausgekleidet. Die Mutter habe mit ihm sexuelle Spielereien begonnen, ihn schließlich masturbiert und später auch sich selbst. Danach habe sie abrupt verlangt, dass er sofort aus ihrem Bett verschwinde. Den nächsten Tag habe die Mutter weinend, sichtlich voller Schuld verbracht.

Zum Vater habe er nie ein gutes Verhältnis gehabt, er sei immer sehr streng zu ihm gewesen. Als er ihn eines Tages wieder einmal schlug, schrie er triumphierend im Zorn heraus, dass er mit der Mutter Sex gehabt habe. Danach wurde er von ihm fast bewusstlos geschlagen. Der Vater glaubte ihm natürlich nicht. Er drohte ihm an, ihn totzuschlagen, wenn er diese Schweinerei wiederholen würde.

Jonas' Vater hat realen Inzest mit der Mutter vollzogen und dabei höchste sexuelle Lust erlebt. Gleichzeitig hatte er seinen Vater besiegt. Meine Vermutung war, dass sich in seiner Hochstapelei im Erwachsenenalter die damalige Szenerie wiederholte. Als Schöpfer einer fantastischen Raketentechnik – ebenso grandios und traumhaft wie der Sex mit der Mutter – feierte er Triumphe. Er betrog damit die Akademiker-Väter und war ihnen letztlich überlegen. Doch das Gesetz holte ihn ein.

Herr K. gab mir zu verstehen, dass er alles bedauere. Ich nahm ihm das Versprechen ab, eine Therapie zu absolvieren, um die Folgen des Missbrauchs durch die Mutter zu bewältigen. Ich führte noch mehrere Gespräche mit Herrn K. und seiner geschiedenen Frau. Wegen der Kinder erklärte sich die Mutter schließlich bereit, dass er probehalber in die Familie zurückkehren dürfe.

Nach einigen Wochen bat Jonas' Mutter sehr aufgeregt um einen Termin. Der Vater habe bald eine Arbeitsstelle als Hilfskraft gefunden. Um die Kinder habe er sich sehr gekümmert, insbesondere um Jonas' zwei Jahre ältere Schwester. Frau K. sei aufgefallen, dass ihre Tochter immer die Kleider ablegte, wenn der Vater auftauchte. Sie fragte sie, was das zu bedeuten habe. Diese meinte, der Vater habe sie besonders lieb und würde sie verwöhnen – er hatte sie schon längere Zeit missbraucht. Frau K. meldete die Vorkommnisse umgehend dem Bewährungshelfer, der den Vater sofort festnehmen ließ. Dieser habe im letzten Gespräch zu ihr gesagt, was man denn machen solle, wenn man eine solch verführerische schöne Tochter habe.

Missbrauchsopfer werden im späteren Leben nicht selten selbst zum Täter, sie reinszenieren die damalige Situation mit umgekehrten Vorzeichen – es ist ein grauenhafter Teufelskreis.

9
Von der unstillbaren Sehnsucht nach der Mutter

Eines Abends rief ein befreundeter Kollege aus einer etwas entfernten Stadt an. Er fragte mich, ob ich einen Therapieplatz frei habe, es gehe um einen Patienten nach Suizidversuch. Dieser benötige unmittelbar eine Therapie. Zwar hatte ich so gut wie nie einen Platz frei, aber in solch dringenden Fällen musste immer alles unternommen werden, um es möglich zu machen. Also sagte ich spontan zu. Die Eltern und der Patient sollten sich bei mir melden. Der Kollege erklärte, es handle sich nicht um einen Jugendlichen, sondern um einen 36-jährigen Mann. Ich wies ihn umgehend darauf hin, dass ich als Kinder- und Jugendlichen-Psychotherapeut nur Patienten bis zum Alter von 21 Jahren behandeln dürfe. Der Kollege meinte, darüber habe man sich gründlich ausgetauscht. Dieser Patient bräuchte aber unbedingt eine Kinderpsychotherapie bei einem Mann; der Ethikrat und der Psychotherapiegutachter hätten darum die Therapie bei mir empfohlen, falls ich dazu bereit sei. Das machte mich blitzartig hellhörig. Nach kurzem Zögern berichtete mein Kollege, es handele sich um eine schwere Abstinenzverletzung. Der Patient, ein 36-jähriger Metzgermeister, habe ein halbes Jahr lang eine sexuelle Beziehung mit seiner 64-jährigen ärztlichen Psychotherapeutin gehabt. Er sei schließlich in eine extreme Verwirrung geraten, habe nicht mehr weitergewusst und versucht, sich mit Tabletten das Leben zu nehmen. Verwirrung erfasste und lähmte mich, aber nach einer kurzen Bedenkzeit sagte ich zu.

Herr S. meldete sich umgehend telefonisch bei mir, und wir vereinbarten ein erstes Gespräch. Er war ein stattlicher Mann mit sympathischem Gesicht, einem festen Händedruck, offen und zugewandt. Ich war natürlich gespannt zu erfahren, was geschehen war. Doch forderte ich Herrn S. auf, lediglich zu erzählen, was ihm einfalle und folgte seinen Erzählungen mit gleichschwebender Aufmerksamkeit. Nach anfänglichem Zögern begann er zu erzählen, und es wurde deutlich, dass er das psychoanalytische Verfahren kannte. Er erzählte, er sei Metzgermeister und betreibe mit seiner Frau eine Filiale. Sie arbeiteten gemeinsam in dem Metzgerladen, seine Frau würde zudem noch den Haushalt führen und die beiden Kinder, einen Jungen und ein Mädchen, versorgen. Irgendwann habe er gespürt, dass ihm alles zu viel wurde. Er fühle sich schon morgens niedergeschlagen, hatte die Empfindung, nichts mehr leisten zu können. Das Leben habe ihm keine Freude mehr bereitet. Sein Hausarzt diagnostizierte schließlich einen Burn-out und verordnete ein Antidepressivum. Nachdem sich keine Besserung einstellte, habe ihm der Arzt zu einer Psychotherapie geraten. Längere Zeit habe er gesucht und schließlich bei Dr. Anneliese F. einen Therapieplatz bekommen. Von ihr habe er sich sofort verstanden gefühlt, sie sei von Anfang an außerordentlich einfühlsam gewesen.

Dann berichtete Herr S. von seiner Herkunftsfamilie. Schon seine Eltern hatten eine Metzgerei betrieben und nie Zeit für die Kinder gehabt. Den Vater beschrieb er als sehr streng, keinen Widerspruch habe er ertragen und gelegentlich sogar zugeschlagen. Nie habe er sich getraut, den Vater etwas Persönliches zu fragen. Die Mutter sei ebenfalls kalt und hartherzig gewesen. Er erinnere sich an keinerlei Zärtlichkeiten und habe sich als Kind sehr danach gesehnt, in den Arm genommen zu werden. Herrn S. stiegen Tränen in die Augen. Abends habe er oft lange im Bett gelegen und sich gefürchtet. Aber niemals habe er sich getraut, ans Bett der Eltern zu gehen. Ich spürte seine grenzenlose und ungestillte Sehnsucht nach den Zärtlichkeiten einer mitfühlenden Mutter. Herr S. schwieg längere Zeit. Dann begann sein Gesicht zu leuchten. Er schaute mich an wie ein glücklicher kleiner Junge und meinte unvermittelt: »Anneliese liebt mich! Sie hat mich heute Morgen um sieben Uhr in meiner Wurstküche angerufen, sie weiß, dass dann meine Frau bei den Kindern ist. Es ist so schön, von ihr geliebt zu werden!«

Ich war bestürzt, dass sich Frau Dr. F. nicht an die Absprachen gehalten hatte, sich von ihrem ehemaligen Patient fernzuhalten, sagte aber nichts. Ich spürte, dass Herr S. davon überwältigt war, endlich von einer Mutter geliebt zu werden. Wir vereinbarten einen weiteren Termin, an dem wir über den Fortgang der Therapie sprechen wollten. Zuvor sollte jedoch ein Gespräch mit seiner Frau stattfinden. Sie wollte den künftigen Therapeuten ihres Mannes kennen lernen, was ich nur zu gut verstand.

Auch Frau S. kam pünktlich zum Gespräch. Seit die sexuelle Beziehung ihres Mannes zu seiner Therapeutin aufgedeckt worden war, wurde sie von einer Kollegin betreut. Selten habe ich ein solch hartes, abweisendes Gesicht gesehen. Wut und Verachtung, Trauer und Verzweiflung wechselten einander ab. Als erstes sagte sie, dass ihr Mann Hilfe gebraucht habe, weil er krank sei. »Ist das bei Euch so üblich, dass man dann mit einem Patienten Sex hat? Sogar wenn er verheiratet ist und Kinder hat?« Ich antwortete, dass das natürlich nicht üblich sei. Dass es in seltenen Fällen leider vorkäme und natürlich niemals gebilligt werde. Frau F. werde die Approbation entzogen werden, weitere Sanktionen kämen hinzu. Das Gesicht der Frau veränderte sich nicht, ich hatte den Eindruck, Verachtung und Ekel würden noch eindringlicher. Sie habe ihren Mann kennen gelernt, als er Auszubildender als Metzger war und sie Auszubildende zur Metzgereifachverkäuferin. Sie hätten bald geheiratet. Ob es Liebe war, wisse sie nicht – »Was ist das überhaupt«? In diesem Moment trat absolute Kälte in ihr Gesicht, und mir fiel plötzlich ein, wie Herr S. seine Mutter beschrieben hatte.

Wir können einen Partner, eine Partnerin wählen, weil sie dem gegengeschlechtlichen Elternteil so unähnlich wie möglich sind oder so ähnlich wie möglich. Hatte Herr S. seine Frau unbewusst gewählt, weil sie seiner Mutter glich? Ich war mir dessen fast sicher. Ich versicherte Frau S., dass ich alle ihre Bedenken verstehen könne. Sie sei zutiefst betrogen und verletzt worden. Man habe mich empfohlen, weil ich ein Mann und Spezialist für frühkindliche Konflikte sei. Auch jetzt ließ Frau S. nicht von ihrer Verachtung ab. Man werde sehen, was aus dem Ganzen noch werden würde. In diesem Moment wurde mir klar, dass die ehemalige Therapeutin ihre Kontakte zu Herrn S. unbedingt unterlassen musste. Denn ich hatte die Psychodynamik des Geschehens verstanden: Ein Mann mit einer nicht einfühlsamen Mutter heiratet eine Frau mit ähnlicher Persönlichkeit. Seine Wünsche nach Nähe, seine frühkindlichen Sehnsüchte und sein Begehren bleiben in der Beziehung im Wesentlichen ungestillt. Dann trifft er in der Therapie auf eine Frau, die seine Sehnsüchte erfühlt und stillen möchte. Das geschieht immer wieder in Therapien. Aber diese Frau war seit einigen Jahren Witwe, und alle ihre erotischen und sexuellen Bedürfnisse waren ungestillt. Auch das muss eine Therapeutin selbstverständlich aushalten.

Psychotherapie wird von Regeln und Rahmenbedingungen bestimmt. Zwei Menschen sind – oft über Jahre – miteinander in einem Raum, so dass fast immer eine intime Nähe entsteht. In seiner Fantasie kann der Patient immer wieder frühkindliche Wünsche nach Nähe und erotisch-sexuelle Vorstellungen entwickeln. Darum steht im Mittelpunkt aller psychoanalytischen Therapien die »Abstinenz«. Im Allgemeinen bedeutet das Wort Enthaltsamkeit und Verzicht. In einer Psychotherapie bedeutet der Begriff, dass unbewusste Wünsche eines abhängigen Menschen niemals befriedigt werden dürfen.

Abstinenz stellt jedoch nicht nur einen Schutz vor problematischer Nähe und Beziehungen dar, sondern ist die zentrale Grundregel sorgfältigen psychotherapeutischen Arbeitens. Warum? Die Behandlungssituation darf niemals der Befriedigung von alltäglichen Beziehungswünschen eines Kindes, Jugendlichen oder Erwachsenen dienen. Wenn sie versagt bleiben, werden dem Therapeuten vom Patienten unbewusste Rollen zugeschrieben, die dieser übernehmen muss. Auf diese Weise wird eine sogenannte Übertragungsbeziehung etabliert. In den unbewussten Vorstellungen der Patienten kann der Therapeut zur verwöhnenden Mutter, zum verbietenden Vater, zum Bruder, mit dem rivalisiert wird und vielem mehr werden. In einem langen Prozess wird deutlich werden, in welchen Konflikten die jeweiligen seelischen Symptome wurzeln.

Dabei sollte aber immer reflektiert werden, dass wir auf der einen Seite unsere Kinderpatienten anleiten, ihre Konflikte im Spiel darzustellen. Auf der anderen Seite müssen wir ihr Agieren begrenzen, damit sich wieder Fantasien und Erinnerungen bilden. Die Gefahr ist darum bei Kindern wesentlich größer als bei Jugendlichen und Erwachsenen, dass sich der Analytiker auf das szenische Geschehen als Handelnder einlässt, und es zu wenig reflektiert, verbalisiert und deutet. Außerdem sollte ein Therapeut keinerlei Ratschläge geben und weder moralische, religiöse noch soziale Werte vermitteln wollen. Er sollte wie eine weiße Leinwand bleiben, auf die ein Patient seine Vorstellungen übertragen und projizieren kann. Diese Neutralitätsregel sollte den Patienten auch vor den Einflüssen eines Analytikers schützen. Dies ist besonders bei Kinderpsychotherapeuten von großer Wichtigkeit, denn sie könnten Kinder leicht suggestiv beeinflussen oder sogar manipulieren.

Je früher sich Störungen entwickelt haben, umso drängender können die Wünsche von Kindern und Erwachsenen werden, diese zu befriedigen. Der Druck auf den Therapeuten ist groß, aus einer von Regeln geleiteten therapeutischen Beziehung eine gewöhnliche, alltägliche zu machen. Von manchen Therapeutinnen und Therapeuten wird Abstinenz gelegentlich belächelt und mit Kälte und wenig Einfühlung gleichgesetzt, was dazu führen kann, sie nicht immer ernst zu nehmen. Ich gehe davon aus, dass es niemanden unter den Kinderpsychotherapeutinnen und Kinderpsychotherapeuten gibt, der oder die sich nicht wenigstens einmal auf die Befriedigung unbewusster Wünsche der Patienten eingelassen haben. In meiner langjährigen Arbeit als Supervisor habe ich vieles zur Kenntnis nehmen müssen. Bei einer Therapeutin stand an der Tür ein Korb mit Süßigkeiten. Beim Abschied durfte sich jedes Kind bedienen, »um den Abschiedsschmerz zu lindern«. Kinder wurden auf den Schoß genommen, geküsst und gehätschelt, Geschenke wurden gemacht. Ein Volksfest wurde gemeinsam besucht, einem Sechsjährigen wurde nach dem Stuhlgang der Popo gereinigt. Mit einer Jugendlichen wurden Kräuter gesammelt, um einen Tee für ihre somatoformen Bauchschmerzen herzustellen. Es wurde gekocht, gebacken und Weihnachten gefeiert. Kinder übertragen Elternbilder auf uns. Mit Abstinenzverletzungen einer Therapeutin oder eines Therapeuten kann beim Patienten die Illusion verstärkt werden, die Übertragungsbeziehung entspreche der Realität. Immer dann, wenn eigene Sehnsüchte und Wünsche ein Geschehen mitbestimmen, sind Abstinenz und Neutralität in Gefahr. Eine Behandlung, die ich im Anschluss noch darstellen werde, hat mich zu einem eisernen Verfechter der Abstinenzregel werden lassen.

Wenig später rief mich die ehemalige Therapeutin, Frau Dr. Anneliese F. an. Ihr Ton war herrisch und überheblich. Ich hätte wohl die Therapie von Herrn S. übernommen, ihr aber bislang nicht über den Verlauf Bericht erstattet. Zur damaligen Zeit wurden nichtärztlichen Therapeuten die Fälle noch von psychotherapeutischen ärztlichen Kollegen delegiert. Üblicherweise wurde das als formaler Akt angesehen, aber diese Frau gebärdete sich, als sei sie meine Vorgesetzte. Ich war ziemlich verärgert, dass die Frau in ihrer desolaten Lage die Situation geradezu umkehrte. Ich sagte einigermaßen ruhig, sie wisse doch, warum die Behandlung beendet worden sei. Ich bestehe darauf, dass sie ab sofort jeden Kontakt zu Herrn S. unterlassen müsse und würde auch nichts aus der Behandlung berichten. Längeres Schweigen. Dann bröckelte die Fassade. Frau F. fing an hemmungslos zu weinen. »Er fehlt mir doch so, ich muss unaufhörlich an ihn denken!« Ich erklärte, dass ich unter normalen Bedingungen gerne mit ihr sprechen würde, es sei aber nicht indiziert, da ich der Therapeut von Herrn S. sei. Ich ermunterte sie eindringlich, sich an einen Therapeuten zu wenden, wie der Ethikrat es angeordnet hatte. Unter Tränen verabschiedete sich die unglückliche Frau. Sie hat nie mehr mit mir gesprochen.

Herr S. und ich begannen mit einer psychoanalytischen Therapie. Wir arbeiteten an vielen Szenen seiner Kindheit. Bald erkannte Herr S., wie sehr seine neue Familie der Herkunftsfamilie glich. Wie gleichförmig seine Tage verliefen, wie ähnlich seine Frau der Mutter war, wie trostlos er sein Leben wahrnahm. Als er das unbewusst gespürt hatte, hatte wahrscheinlich die Depression eingesetzt. In einer der nächsten Stunden berichtete er, wie seine Therapie bei Anneliese F. verlaufen war. Er habe Ähnliches aus seinem Leben wie bei mir berichtet. Obwohl er meine Einfühlung und mein Verstehen schätze, sei es bei Anneliese noch einmal anders gewesen. Er habe ein immer intensiveres Gefühl gespürt, verstanden und geliebt zu werden. So wie er das noch nie gespürt hatte, weder bei den Erwachsenen seiner Kindheit noch bei seiner Frau. Er freute sich immer stärker auf die Therapiestunden, in denen er die leuchtenden blauen Augen von Anneliese sah. Irgendwann habe er seinen ganzen Mut zusammengenommen und seine Therapeutin bei der Verabschiedung gefragt, ob er sie einmal in den Arm nehmen dürfe. Sie habe dem nach kurzem Zögern zugestimmt.

In einer der nächsten Stunden sagte er, ihm falle es zunehmend schwer, Frau Dr. F. zu sagen. Ob sie sich nicht mit dem Vornamen nennen sollten. Auch dazu willigte Anneliese F. ein. Wieder vergingen einige Wochen. Dann habe er beim Abschied gefragt, ob er sie auf die Wangen küssen dürfe. Anneliese habe lange gezögert, es dann aber gestattet. Seine Sehnsucht nach ihr sei immer größer geworden. In einer der nächsten Stunden küsste er sie bei der Begegnung wortlos auf den Mund. Es kam zu einem langen und intensiven Austausch von Küssen und Zärtlichkeiten. Schließlich hätten sie sich ausgezogen und auf der Couch geliebt. Anneliese habe danach gesagt, dass sie das auf keinen Fall wiederholen dürften. Es sei ein großer Fehler gewesen, den sie nie wiedergutmachen könne.

Doch inzwischen war bei beiden eine unglaubliche Begierde entstanden. Herr S. beschrieb den Zustand wie eine Sucht. Er habe nur noch auf die beiden wöchentlichen Stunden gewartet. Sie hätten sich zu Beginn der Stunde wortlos ausgezogen und Geschlechtsverkehr gehabt. Die restliche Zeit hätten sie in Umarmung und küssend verbracht. Zum Schluss der Stunde hätten sie nochmals miteinander geschlafen. So ging das über ein halbes Jahr.

Mittlerweile spitzte sich die Situation zu. Nach den Stunden mit Anneliese erlebte Herr S. die Beziehung zu seiner Frau, sein Leben mit der Familie, seinen beruflichen Alltag noch grauer und unlebendiger als zuvor. Er geriet in eine immer tiefere depressive Verzweiflung. Schließlich plante er, sich mit den Antidepressiva, die ihm seine Therapeutin verschrieben hatte, das Leben zu nehmen. Er verfasste einen Abschiedsbrief, in dem er über seine unglückliche Liebesgeschichte berichtete und seine Besorgnis ausdrückte, so nicht mehr weiterleben zu können. Zum Glück hatte seine Frau ihn bewusstlos vorgefunden und ins Krankenhaus bringen lassen. Ihr Entsetzen war selbstverständlich groß, und sie brachte alles ins Rollen. Sie benachrichtigte Dr. Anneliese F., die sich umgehend einem Kollegen anvertraute. Dieser wandte sich an den Ethikrat, dort entstand der Gedanke an eine Kindertherapie für Herrn S.

Ich war überrascht darüber, wie rasch die Sehnsucht nach Vereinigung mit Anneliese F. bei Herrn S. verblasste, nachdem sie ihn nicht mehr anrief. Sie wurde wieder zur 64-jährigen mütterlichen Frau, die sie zu Beginn der Behandlung gewesen war. Denn es war keine tiefe Liebe gewesen, sondern eine neurotische Übertragung. In den Mittelpunkt der Therapie gerieten die Eltern von Herrn S. Er beschrieb immer wieder ihre Gefühlskälte und Unfähigkeit zu Zärtlichkeiten. Ein vier- bis fünfjähriger Junge möchte mit seiner Mutter eine Liebesbeziehung eingehen. Dazu muss sie ihm aber ihre Bereitschaft aufzeigen. So blieben alle frühkindlichen Sehnsüchte des Jungen ungestillt und entluden sich in seiner Therapie, indem er sie auf Anneliese F. übertrug. Es hätte ein heilsamer Prozess werden können, hätte sie nicht sukzessive die Abstinenz verletzt. Aber auch die Beziehung zum Vater war schwierig gewesen. Dieser konnte nichts anerkennen, was der kleine Junge leistete, so dass Herr S. nur ein geringes Selbstwertgefühl entwickelte. Über viele Stunden erzählte er stolz von seinem Können als Metzgermeister. Im Ort, in dem er wohnte, war bekannt, dass er die besten Roten Würste herstellte. Ich spürte, wie ein kleiner Junge seinen Vater von seinen Leistungen überzeugen wollte. Immer wieder erzählte er von der Kunst, schmackhafte Würste herzustellen. Herr S. genoss meine ungeteilte Aufmerksamkeit. Ich erlebte ihn wie einen kleinen Jungen, der seinen Vater von seinen Talenten überzeugen will.

In einer der nächsten Stunden kam es zu einer entscheidenden Szene. Herr S. brachte eine wunderbare Rinderlende und acht Rote Würste mit, die er mir schenken wollte. Dabei strahlte er über das ganze Gesicht, und erwartete sichtlich meine anerkennenden Worte. Es war eine Übertragung des einst zurückgewiesenen kleinen Jungen auf den Vater. Aber es war auch ein Angriff auf meine Abstinenz. Nun ist es sicher ein Unterschied, ob ich von einem Patienten ein Geschenk annehme oder Zärtlichkeiten mit ihm austausche. Doch im Fall von Herrn S., der in seiner ersten Therapie eine ungeheuerliche Verletzung der Abstinenz erlebt hatte, durfte es zu keinen Brüchen von Abstinenz mehr kommen. Ich musste aber auch berücksichtigen, dass ich damit den kleinen Jungen in Herrn S. zurückweisen und kränken könnte. In Sekundenschnelle musste ich die richtige Entscheidung treffen. Ich sagte also zu Herrn S., dass ich sehe, welch herausragender Metzger und Handwerker er sei. Er wisse aber auch, dass ich keine Geschenke annehmen dürfe, weil das unsere therapeutische Beziehung stören würde. Im Wissen darum würden wir heute dennoch eine Ausnahme machen. Ich würde die guten Gaben annehmen. Ich wisse, dass ihn eine Bezahlung kränken würde. Beim Verspeisen würde ich an ihn und seine Kunst denken. Herr S. strahlte über das ganze Gesicht.

Ich überlegte gleichzeitig, ob sich nach der ersten Umarmung von Frau F. die Katastrophe mit klaren bestimmten Worten noch hätte vermeiden lassen. Vielleicht, wenn sie sofort eine Supervision aufgesucht hätte?

Die Behandlung dauerte etwa drei Jahre. Danach trennte sich das Ehepaar. Beide hatten gespürt, dass sie nicht mehr zueinander finden konnten. Die Kinder blieben bei der Mutter, Herr S. zog nach Norddeutschland und übernahm eine leitende Funktion in einer Fabrik für Fleischverarbeitung.

Immer wieder musste ich an Dr. Anneliese F. denken. Sie war Fachärztin für Psychiatrie und Neurologie gewesen, besaß einen Zusatztitel Psychotherapie und hatte über viele Jahre wertvolle psychotherapeutische Arbeit geleistet. Der Ethikrat konfrontierte sie mit ihren Verfehlungen. Wahrscheinlich geriet sie in tiefste Scham, Schuld und Verzweiflung, als sie aus dem neurotischen Rausch aufwachte, der von ihr Besitz ergriffen hatte. Ihr wurde die Approbation für immer entzogen. Damit wurde ihr die Anerkennung genommen, die alle im Beruf erfahren, und die unseren Selbstwert mit stabilisiert. Zwar war sie bereits 64 Jahre alt, aber sie war in einem noch arbeitsfähigen Alter. Sie ist wenige Jahre später gestorben.

Ich habe dieser – wahrscheinlich einzigartigen – Fallgeschichte für mich zwei wesentliche Aspekte entnommen: Abstinenz ist der wichtigste Bestandteil jeder psychotherapeutischen Behandlung.

Auch kleine Ausnahmen müssen gut überlegt und angemessen entschieden werden. Dies gilt ebenso für die Neutralität des Psychotherapeuten.

Ein Psychotherapeut muss mit seinen Fantasien und Wünschen gut umgehen lernen und sie in seinem Inneren bewahren. Daher unterzieht er sich einer Lehranalyse und besucht in problematischen Situationen Supervisionen. Anneliese F. war bereits längere Zeit Witwe und lebte in großer Einsamkeit. Wir wissen, dass Einsamkeit körperlich krank und depressiv machen kann, weil viele Sehnsüchte ungestillt bleiben. Ein Psychotherapeut sollte nach Möglichkeit in dauerhaften zufriedenstellenden Beziehungen leben. Er sollte seine Defizite gut kennen, damit er sie auch nicht ansatzweise mit seinen abhängigen Patienten zu befriedigen sucht. Wir sollten daran denken, dass dies bei Kindern besonders leicht möglich ist. Und natürlich drohen diese Gefahren überall, wo Beziehungen bestehen, in denen eine Person abhängig ist und Abhängigkeitsverhältnisse ausgenutzt werden können: bei Lehrern und Schülern, bei Trainern und Schutzbefohlenen, bei Flüchtlingshelferinnen und Flüchtlingen... Die daraus entstehenden Beziehungen werden von unbewussten Konflikten bestimmt und sind in der Regel zum Scheitern verurteilt.

10
Der Abbruch: Bibelkreis statt Therapie

Von einem befreundeten Mitarbeiter einer psychologischen Beratungsstelle war mir Paula zugewiesen worden. Die Eltern waren dort über zwei Jahre in intensiver Beratung gewesen, Paula war gründlich neurologisch und psychisch untersucht worden. Immer wieder war wegen der Schwere von Paulas psychischen Störungen eine Psychotherapie geplant worden, diese jedoch wiederholt wegen irgendwelcher Familienereignisse, Unzuverlässigkeit und Widerständen verschoben worden. Weil kein Behandlungsbündnis entstanden war, sah der Kollege keine Möglichkeit mehr, selbst eine Therapie durchzuführen und überwies die Eltern mit Tochter an mich. Um mir die Schwierigkeiten mit dieser Familie aufzuzeigen, sandte er mir alle bislang vorliegenden Akten mit, es war ein Bündel, mehrere Zentimeter dick. Schon im ersten Gespräch begriff ich, was der Kollege geäußert hatte. Entgegen unserer Absprache erschien nur der Vater. Es sei zu schwierig gewesen, seine Frau nach der Arbeit abzuholen. Dann legte er los: Paula habe ihnen zeitlebens Schwierigkeiten bereitet. Sie sei mit einer Geburtszange geholt worden, war im ersten Lebensjahr fast nur zu Operationen in Krankenhäusern gewesen. Bis heute schaukle sie vor dem Einschlafen. In der Schule sei sie einsam, laufe auf dem Schulhof umher und führe Selbstgespräche. Noch nie hatte Paula längere Kontakte zu anderen Kindern. Das alles trug der Vater in einem schneidigen Ton vor; wenn ich nachfragte, reagierte er ungehalten.

Die Mutter, die ich wenig später zu einem Gespräch einlud, wirkte wie der Vater vorzeitig gealtert und unzufrieden. Rasch war zu erkennen, dass sie sich wegen ihrer fast fünfzehnjährigen Tochter schämte. Paula wurde nach elfjähriger Ehe geboren. Während der Schwangerschaft habe die Mutter an Ängsten und Depressionen gelitten, nach achtstündigen qualvollen Wehen wurde Paula mit der Geburtszange geholt. Sie kam in eine Kinderklinik, wurde später in die Universitätsklinik verlegt und erst nach einem Jahr endgültig nach Hause entlassen. Damals konnte sie noch nicht laufen, erst kurze Zeit danach konnte sie gerade Mama und Papa sagen. Paula entwickelte Essstörungen und nässte und kotete bis zum fünften Lebensjahr ein. Hinsichtlich ihres Verhaltens ergänzte die Mutter die Angaben des Vaters. Bis heute sei das Mädchen unruhig, führe immerzu Selbstgespräche. Paula spreche alles aus, was ihr durch den Kopf gehe. Sie kenne kein »Ich«, sondern spreche von sich als »der da«. Auch beschimpfe sie sich regelmäßig, als sei sie in solchen Momenten ein fremder, ungeliebter Mensch. Anderen gegenüber sei sie völlig distanzlos, als gäbe es keine Fremdheit. Zu Hause herrschte eine ungewöhnliche Kommunikation mit beiden Eltern. Paula besaß sechzehn Teddybären, alle hatten Namen und über die Bären sprach sie mit den Eltern. Schließlich erzählte mir Paulas Mutter noch, dass sie sich vom Ehemann hatte scheiden lassen, als Paula zehn Jahre alt gewesen sei. Mit der Zeit arrangierten sich die Eltern augenscheinlich wieder und heirateten erneut.

Paula hatte sich offensichtlich kaum psychisch weiterentwickelt. In mir war das Bild einer Vierzehnjährigen entstanden, die letztlich Verhaltensweisen und Probleme eines Vorschulkindes zeigte. Natürlich war ich darauf gespannt, Paula selbst zu erleben. Sie war ein korpulentes, plump wirkendes Mädchen, altersgerecht entwickelt. Ihre Haare waren fettig und ungepflegt, und sie war wenig vorteilhaft gekleidet. Unverkennbar hatte sie Speisereste auf der Bluse. Ich wusste von ihren motorischen Einschränkungen. Sie sagte mir, dass sie einfach sein und sich nicht schminken und verführerisch kleiden wolle.

Ich erkannte ein Kind, das wohl kaum geliebt worden war. Paula achtete nur wenig auf sich, was für Mädchen im Jugendlichenalter unüblich ist. Offensichtlich legte auch die Mutter wenig Wert auf Paulas Äußeres. Paula begann mit einem unglaublichen Redeschwall und überschüttete mich mit kleinen Geschichten, mit Fragen, auf die sie meist sofort die Antwort gab. Ich erkannte zwei problematische Bereiche. Offensichtlich hatte sich Paula in ihren Vorstellungen nie getrennt von den Eltern erlebt und keinen eigenen inneren »Denk-Raum« entwickelt. Wir brauchen ihn, um zu fantasieren und Gefühle aufschieben zu können. Paula brabbelte alles vor sich hin. Sie konnte keine Gefühle in ihrem Inneren behalten, und sie konnte sich nicht in andere Menschen einfühlen. Weiterhin zeigte Paula ein extrem gestörtes Bindungsverhalten. Bekanntlich ist Bindung ein emotionales Band, das Menschen über Raum und Zeit miteinander verbindet. In jedem kleinen Kind ist biologisch angelegt, dass es sich eine Bindungsperson sucht, die es schützt, pflegt, bei der es sich geborgen fühlt und die es in die große, oftmals kalte Welt begleitet. Die Operationen und Aufenthalte in Krankenhäusern während des ersten Lebensjahres hatten es Paula schwer gemacht. Sie hatte keine Vorstellung von Bindungspersonen, aber auch kein Bild von sich selbst. Das wurde schon dadurch deutlich, dass sie von sich selbst nicht als »ich« sprechen konnte. Menschen waren für sie austauschbar, sie konnte sich an jede momentan verfügbare Person wenden. In der Psychologie wird das als ein »undifferenziertes Bindungsverhalten« bezeichnet. Einmal suchte sie Nähe, ein andermal ging sie auf Distanz. Paula war ein Mädchen mit einer völlig ungenügenden seelischen Struktur.

Wir begannen mit der Psychotherapie. Immer wieder beschimpfte sich Paula selbst in geradezu unflätiger Weise. Dann beschwichtigte sie, dass »der da« doch so schlimm nicht sei. Und wenig später: »Die da kann nicht folgen, muss dauernd widersprechen. Die ist ganz böse!« Es wurde deutlich, dass die massiven Selbstbeschuldigungen ein Spiegelbild der mütterlichen Verachtung und Diskriminierungen waren. In der 25. Therapiesitzung entdeckte Paula einen Teddybären und fragte mich, ob sie einmal einen der ihrigen mitbringen dürfe. Tatsächlich brachte sie zwei uralte, »zerliebte« Bären mit. Sie erzählte, beide habe sie während ihres Krankheitsaufenthaltes im ersten Lebensjahr bekommen. Ich war sehr berührt davon. Von nun an musste ich einen Bären fest im Arm halten. Unsere Dialoge fanden jetzt über die Teddybären statt. In den weiteren Stunden brachte Paula ihre gesamten sechzehn Bären mit. Alle trugen Namen, der böseste den Vornamen des Vaters. Paula erzählte mir, dass dieser oft Wutanfälle habe und in solchen Momenten die Familie tyrannisiere. Im Umgang mit den Teddybären versuchte Paula unsere Beziehung zu verinnerlichen, sie knüpfte dort an, wo ihre Entwicklung stehengeblieben war. In weiteren Stunden brachte sie Bilder mit, die sie während der Krankenhausaufenthalte gemalt hatte. Diese frühe Zeit wurde zum Mittelpunkt der Therapiestunden. Ganz konzentriert fragte Paula, warum sie so gestört sei, so isoliert und ob sie ein »Hospitalismus-Kind« sei. Sie wollte direkte Antworten und insistierte heftig.

Paula konnte extrem nahe kommen und ebenso rasch auf Distanz gehen. So erzählte sie, dass ihre Mutter wünsche, sie solle gynäkologisch untersucht werden. Unvermittelt fragte sie, ob ich das nicht durchführen könne. Sie käme zweimal in der Woche zu mir, da hätten wir doch genügend Zeit. Ich erklärte Paula, dass ich das zum einen nicht könnte, weil ich kein Arzt sei, zum anderen hätten wir eine vertraute Beziehung. Ich sorgte mich sehr, dass Paulas Distanzlosigkeit von gewissenlosen Männern ausgenutzt werden könnte. In einer anderen Stunde sprachen wir über die Umstände ihrer Geburt. Sie berichtete, dass die Mutter ihr von der schrecklichen Geburtszange berichtet hatte. Aber das hätte sie nicht müssen, weil man das ja heute noch sehen könne. Blitzartig öffnete sie ihre Bluse, zog den BH herunter und zeigte mir ihre großen, völlig vernarbten Brüste. Ich erschrak natürlich, fasste mich schließlich und sagte zu Paula, dass sie das nur bei einem Arzt tun sollte. Sie sei eine Jugendliche, ihre Brüste gehörten nur ihr. Ebenso unvermittelt wie sie Nähe und Verschmelzung suchte, konnte Paula auch mit Wut und Distanzierung reagieren. Ich hatte ihr gesagt, dass sie in der Therapie ihre Träume erzählen könne. Paula schwieg, ich nahm wahr, dass sie dazu keine eigene Meinung hatte. In die nächste Stunde kam sie erkennbar aufgeregt und zornig. Sie habe das mit ihrem Bibelkreis besprochen. Paula war seit einiger Zeit Mitglied in einem sektiererischen Bibelkreis. Mit ihrem kindlichen Gemüt und ihrer Distanzlosigkeit war sie völlig offen für die Ideologien dieser Vereinigung. Sie erklärte, ihre Freundinnen und Freunde behaupteten, dass ich Seelenzergliederung treibe. Über die Träume wollte ich versuchen, in sie einzudringen. Das seien Werke des Teufels. Mein Ziel sei es, ihre Seele zu zerstören und von ihr Besitz zu ergreifen. Während sie das sagte, zog sie Fäden aus allen erreichbaren Stoffen, stopfte sie sich in den Mund und schluckte sie runter.

Die Gruppe bekam immer größere Bedeutung im Leben Paulas. Dort herrschte ein naives Denken, das sie magisch anzog. Die Welt war weiß und schwarz, geteilt in Gut und Böse. Symbolisches Denken war Paula völlig fremd, sie verstand es nicht. Begeistert teilte sie mir mit, dass in der Gruppe darüber diskutiert worden war, dass in Bayern Kruzifixe auf den Feldern aufgestellt worden seien. Sie wollten dorthin fahren und die Christuskörper von den Kreuzen reißen. Triumphierend rief Paula: »Jesus ist auferstanden, er hängt nicht am Kreuz.« Natürlich gelang es mir nicht, meine Haltung ganz zu verbergen, dass ich ein solch konkretistisches Denken befremdlich fand, die Haltung intolerant. Doch war es nicht möglich, Paula die Zusammenhänge zu verdeutlichen. Paula verstand das Symbolhafte der Aktionen nicht.

Was ist ein Symbol? Kennzeichnend ist seine Vieldeutigkeit, dass es nicht nur mit *einer* Sache gleichgesetzt wird. Wenn ich sage, ich schenke Dir mein Herz, soll nicht das Pumporgan weitergegeben werden, sondern Liebe. Die Fähigkeit symbolisch zu denken, ist einer Entwicklung unterworfen. Symbolisierungsfähigkeit macht es einem Kind möglich, Trennungen samt dazugehörenden Unlustgefühlen auszuhalten, aber auch die grenzenlose Vielfalt der Welt zu begreifen.

In der nächsten Zeit gewann der Bibelkreis immer mehr Macht über Paula. Ihr Widerstand gegen die Therapie wuchs erkennbar. Auch die Eltern berichteten, dass Paula von ihren neuen Freundinnen und Freunden kritiklos begeistert war. Sie fürchteten, dass das ebenso wie frühere Freundschaften nur kurze Zeit anhalten werde. Noch fanden weiterhin Dialoge über Paulas Vergangenheit statt, erinnerte sie vieles aus der Kindheit, was sie verletzt hatte. Schließlich entdeckte Paula in einem Regal eine kleine Statue von Buddha. Sofort beschimpfte sie mich, das sei der endgültige Beweis, dass ich heidnische Gottheiten anbeten würde. Dass ich die Figur wegen ihrer Schönheit bei mir hatte, war ihr nicht begreiflich zu machen, das war ein Gedanke außerhalb von Paulas Wahrnehmungsfähigkeit. In die nächste Stunde kam Paula voll Entschlossenheit. Der Bibelkreis habe festgestellt, dass ich zwar angeblich einer christlichen Religion angehöre, mich aber nicht ganz für Jesus entschieden habe. Sie hätten sie vor die Wahl gestellt, entweder weiterhin zu mir zu gehen oder im Bibelkreis bleiben zu dürfen. Sie habe sich für ihre Freundinnen und Freunde entschieden.

Ich war darüber bestürzt. Das tief gestörte Mädchen brauchte dringend Therapie, ein hilfreicher Prozess hatte begonnen. Ich bat Paula, sich alles gut zu überlegen und mit ihren Eltern zu sprechen. Ich wies sie darauf hin, wie gut wir in der Vergangenheit zusammengearbeitet hatten. Wie sie auf ihr Leben zurückgeblickt und vieles verstanden habe. Aber Paula zog sich zurück, ich spürte, ich konnte sie nicht mehr erreichen. Ich habe mich von ihren Eltern verabschiedet und Paula einen Brief geschrieben, in dem ich sie bat, die bislang erfolgreiche Therapie fortzuführen. Paula, mittlerweile 16 Jahre alt, schrieb mir in einer schönen Jungmädchenschrift zurück: »Ich habe mich entschieden, dass ich nicht mehr kommen kann, da ich es in meinem Gewissen vor Gott und Jesus nicht mehr verantworten kann. Sie glauben zwar, dass es einen Gott gibt, dies glaubt auch Satan. Wer die Beziehung zum wahren Gott nicht hat, dort hat der Teufel freie Bahn, um zu tun, was er machen möchte ...«. Ich war enttäuscht. Gegen die Gruppe mit ihren verkrusteten Ideologien war ich machtlos.

Nach zwei Jahren rief Paula erneut bei mir an. Mittlerweile leitete ich ein psychotherapeutisches Kinderheim. Ich hatte allen Patienten, auch ehemaligen, meine neue Adresse mitgeteilt. Paula war völlig verzweifelt, sie litt an Depressionen. Der Bibelkreis wolle nichts mehr mit ihr zu tun haben, weil sie nicht fröhlich an Gott glaube. Wir hätten doch so schöne Stunden miteinander gehabt. Sie wolle unbedingt wieder bei mir beginnen. Ich musste ihr leider eröffnen, dass ich umgezogen sei und keine Praxis mehr führte. Ich habe ihr Adressen von mir bekannten Kolleginnen und Kollegen mitgeteilt. Danach habe ich nie mehr von ihr gehört.

Gruppen wie diesen Bibelkreis hat es immer gegeben, gibt es heute und wird es immer geben. Grundlagen des Christentums sind die Lehren der Bergpredigt, sind Liebe und Toleranz. In dieser Gruppe herrschteS.n jedoch Fanatismus und platte Vorurteile. Ähnlich strukturierte Gruppierungen betätigen sich als raffinierte Menschenfänger. Ihre Ideologien sind unterschiedlich, wegen ihrer einfachen Struktur wirken sie besonders auf beeinflussbare Menschen faszinierend. Paula war ein geeignetes Opfer. Solche Gruppierungen geben eine vermeintlich klare Ordnung vor, kennen nur schwarz und weiß, gut und böse, sie spalten und integrieren nicht. Es sind Sekten wie die Zeugen Jehovas oder andere, der IS und weitere radikale Religionen, vor allem aber auch die rechtsradikalen

Gruppierungen und Parteien. Es herrscht ein konkretistisches, kein symbolisches Denken vor. Kennzeichnend für solche Vereinigungen ist darum auch ihre Humorlosigkeit, denn einen Witz versteht nur, wer symbolisch denken kann!

11
Anorexie – Die unheimliche Sucht

Regina kommt in meine Praxis. Ich versuche, mein Erschrecken zu verbergen, denn sie hat noch mehr abgenommen. Nach vorne gebeugt, knochig und mit fahlem Gesicht, steht sie vor mir. Sie reicht mir ihre schmale, feuchte Hand zur Begrüßung. Dann legt sie sich mit einem Seufzen auf die Couch, kuschelt sich in die gestrickte Decke und flüstert schließlich: »Das schlechte Gewissen, ich halte es nicht mehr aus!«

Regina ist vierzehn Jahre alt und leidet an einer Magersucht, die als »Anorexia nervosa« bezeichnet wird. Sie wird von einer Körperschemastörung begleitet. Damit wird eine krankhaft verzerrte Wahrnehmung des eigenen Körpers bezeichnet. Regina glaubt immer noch Übergewicht zu haben, obwohl sie längst zum Skelett abgemagert ist. Seit wenigen Monaten ist sie bei mir in ambulanter Psychotherapie. Dreimal pro Woche kommt sie zu einer Sitzung. Oft war sie so schwach, dass sie es keine fünfzig Minuten im Sessel aushalten konnte. Wir haben gemeinsam beschlossen, dass sie sich während der Therapiestunden auf die Couch legen dürfe. Darüber war sie sehr glücklich, denn so konnte sie nicht nur tief entspannen, sondern auch in einen kindlichen, gelegentlich sogar in einen embryonalen Zustand zurückkehren. Außerdem vereinbarten wir, dass sie alle vierzehn Tage einen Arzt aufsucht, in dessen Praxis sie in der Unterwäsche gewogen wird. Das Wiegen wird in der Regel von einer Medizinischen Fachangestellten durchgeführt. Zwar ist das eine Zumutung für ein 14-jähriges Mädchen, aber es muss sein. Magersüchtige suchen zu betrügen, mit Steinen in Taschen, schwerer Kleidung, oder dadurch, dass sie vorher noch einen Liter Wasser trinken. Mit dem Arzt ist vereinbart, dass Regina in eine Klinik eingewiesen wird, sobald sie ein bestimmtes Gewicht unterschreitet. Die Entscheidung des Arztes ist unwiderruflich, denn eine Anorexie ist eine gefährliche Erkrankung. Zehn bis fünfzehn Prozent der Erkrankten sterben trotz Behandlung an Mangelernährung, Fehlernährung und Suizid.

In den ersten Wochen hat Regina lediglich über Nahrungsaufnahmen gesprochen, denn ihre Fantasien kreisen ausschließlich um das Essen. Immerzu hat sie Hunger und denkt an die kommenden Mahlzeiten. Sie ist ungemein stolz, wenn sie immer weniger Kalorien zu sich nimmt, trotz des gewaltigen Hungers. Ich spüre ihre grandiosen Hochgefühle wegen ihrer Askese und dem Sieg über ihre Gier. Immer wieder spricht Regina über ihr schlechtes Gewissen, für das es keine direkten Erklärungen gibt. Diese müssen tief im Unbewussten liegen und von dort ihre quälerischen Botschaften senden.

Die Eltern: Reginas Mutter arbeitete als Verkäuferin in einer Drogerie. Sie war übergewichtig, sehr dominant und übergriffig. Ihr Mann arbeitete bei den Stadtwerken. Er wirkte klein und schwach, und neben seiner Frau verschwand er beinahe. Verstärkt wurde dieser Eindruck dadurch, dass ihn die Ehefrau unentwegt niedermachte und entwertete. Eine ältere Schwester wohnte bereits außer Haus, sie spielte für Regina keine größere Rolle. Ich hatte die übergriffige Art von Reginas Mutter schon während der Kontaktaufnahme kennengelernt. Regina war vorher bei einer Kinder- und Jugend-Psychiaterin in Behandlung gewesen. Diese hatte sich überlegt, Reginas Appetit anzuregen und aß in deren Anwesenheit ein dickes Schmalzbrot. Regina musste sich fast erbrechen und verweigerte ab sofort, nochmals dorthin zu gehen. Also suchte die Mutter anderswo einen Therapieplatz. Sie rief bei mir an, ich war mitten in einer Therapiestunde. Meine Frau nahm das Telefonat entgegen und sagte ihr, dass sie später anrufen müsse. Reginas Mutter erklärte, es gehe um Leben und Tod, worauf sie durchgestellt wurde. Ziemlich verärgert verwies ich sie auf die Sprechzeiten. An diesem Tag rief sie noch mehrmals an, und ich war nicht gewillt, die Tochter dieser aufdringlichen Frau in Therapie zu nehmen, denn ich ahnte, was auf mich zukommen würde. Dennoch erklärte ich mich bereit, einen ersten Kontakt mit Regina aufzunehmen. Als ich das verstörte, hilflose Mädchen erlebte, wurde mir klar, dass ich die Behandlung übernehmen musste, was ich auch rasch einleitete. In Kürze vermittelte mir Regina, dass sie von der Mutter vollkommen beherrscht und kontrolliert wurde. Sie war eins mit ihr, in meiner Vorstellung hatten sie nahezu einen gemeinsamen Körper. Ebenso vehement lehnte Regina umgekehrt den Vater ab. Er würde bloß rauchen und Bier trinken und habe keinerlei Interesse an ihr, vor allem kein Verständnis für ihre Probleme.

Wie ein schlechtes Gewissen entstehen kann

Regina war von Kindheit an unscheinbar und scheu gewesen. Die Eltern beschrieben sie als zart und zerbrechlich. Nie habe sie Entscheidungen treffen können. Sie zeigte so gut wie kein Trotzverhalten, kaum Ansätze zur Verselbstständigung. Eigentlich wollte sie nur bei der Mutter bleiben und dieser gefallen. Im Kindergarten ebenso wie später in der Schule, wurde das Mädchen als ausschließlich lieb und angepasst erlebt.

Ein Problem wurde jedoch Gegenstand ständiger Kritik der Eltern. Regina war nie ganz trocken und nässte immer wieder nachts ein. Die Eltern probierten alle Maßnahmen, die der Kinderarzt anordnete, aber nichts fruchtete. Hinzu kam eine weitere Eigenart, die den Zorn der Eltern erregte. Kleine Mädchen, die einnässen, entdecken oft erste Lustgefühle, weil die Genitalien durch das Einnässen gereizt werden. Oft lag Regina auf der Couch, presste die Beine zusammen und genoss in völliger Unschuld und noch ohne Scham die ersten Lustgefühle. Die Eltern hingegen reagierten mit Scham und Wut und suchten, das in ihren Augen unanständige Tun der Tochter zu verbieten. Die Schwester verspottete Regina und lachte über sie. Regina verstand weder die Eltern noch ihre Schwester und setzte das »Drucken«, wie sie mir das später beschrieb, fort, jetzt heimlich. Doch wurde sie immer wieder dabei ertappt und bloßgestellt. Mit der Zeit begann sie Scham zu empfinden und bekam ein schlechtes Gewissen. Aber es war wie eine kleine Sucht geworden, sie konnte nicht mehr davon lassen. Sie wurde andauernd gerügt und ermahnt, diese Untugend zu lassen. Es dauerte bis zu ihrem 12. Lebensjahr, danach hörte es schlagartig auf.

Als Regina 12 Jahre alt wird, hat sie eine sehr dominierende Freundin, mit der sie herumstreunt und erste Kontakte zu Jungen sucht. Darüber ist die Mutter entsetzt und beschimpft die Tochter. Dennoch trifft Regina auch weiterhin Jungen ihres Alters. In einer solchen Runde wird das Mädchen eines Tages überfallartig von einem Jungen geküsst und empfindet dabei lediglich Ekel und Angst. Ich gehe davon aus, dass sie bei normaler Entwicklung Freude über diese erste Aufmerksamkeit empfunden hätte. Aber mittlerweile hatte sie die ständigen Vorwürfe der Mutter verinnerlicht. Ihr Gewissen war streng und verurteilend geworden.

Wenig später erkrankt Regina an einer fiebrigen Angina. Es ist gewiss kein Zufall, dass Angst und Angina die gleiche sprachliche Wurzel haben. Regina konnte einer gefürchteten Situation dadurch entgehen, dass sie in eine von der Umwelt akzeptierte Krankheit flüchtete. Als sie wieder gesund ist, beginnt sie immer öfter das Essen zu verweigern. Sie will auch nicht mehr das Haus verlassen, sondern nur noch bei der Mutter bleiben. Ihre Gedanken beginnen in zwanghafter Weise um immer weitere Reduktionen ihrer Mahlzeiten zu kreisen. Wenn das Mädchen in den Spiegel schaut, ekelt es sich, weil es sich als unförmig dick erlebt, obwohl es längst Untergewicht hat. Regina magert immer weiter ab, ein Leben auf Sparflamme beginnt. Sie weigert sich, in die Schule zu gehen, möchte nur bei ihrer Mutter bleiben. Sie entwickelt extrem kindliche Interessen, liest Kinder-Comics, bastelt und malt und schläft letztlich sogar jede Nacht im Bett ihrer Mutter. Diese Abhängigkeit bekommt immer groteskere Züge, sie lässt sich von ihr waschen, den Körper eincremen und weicht nicht von ihrer Seite, sie ist im wahrsten Sinne des Wortes eins mit ihr: Sie ist keine psychisch autonome Persönlichkeit mehr, sondern mit der Mutter »verschmolzen«.

Was war geschehen? Alle Anzeichen deuten darauf hin, dass sich Regina schon von klein auf nicht von der Mutter zu lösen traute, keine Trotzphase durchmachte und in Abhängigkeit blieb. Die dominante, vom Ehemann enttäuschte Mutter klammerte sich an die Tochter und verhinderte deren Verselbstständigung. Sauberer, ordentlicher sein und weniger herumzutoben als Jungen verhilft kleinen Mädchen dazu, Angst vor dem Verlust der Liebe und Wertschätzung der Mutter zu bewältigen. Mädchen neigen aber auch deshalb dazu, weil sie wie ihre Mutter werden wollen. Es ist durch viele Untersuchungen belegt, dass kleine Mädchen in unserer Gesellschaft früher und rigider als kleine Jungen zur Reinlichkeit und Ordentlichkeit erzogen werden. Sie erleben die Mütter darum auch als kontrollierender und eindringender. Eine solche Entwicklung konnten wir bei Regina in drastischer Weise beobachten. So wie sich Mütter aufgrund eines eigenen strengen Über-Ich selbst antreiben und überfordern, tun sie dies auch mit ihren Töchtern. Dies *kann* dazu führen, dass Aggressionen von den Töchtern schließlich unterdrückt und gegen das eigene Selbst gerichtet werden.

Mit beginnender Pubertät kam es zu einigen ungeschickten Ablösungsversuchen Reginas, die von der Mutter bereits im Entstehen unterdrückt wurden. Vor dem Hintergrund ihrer Gewissensentwicklung stürzte die einsetzende Pubertät das Mädchen in heftige Ängste, bewirkte Schuldgefühle, so dass es sich noch enger an die Mutter klammerte. Eine wichtige Aufgabe der Pubertät ist für alle Menschen, dass ihre Sexualität der Motor werden soll, um einen Partner zu suchen. Wegen ihrer Vorgeschichte war das für Regina verboten, so dass sich das sexuelle Erleben auf den Bereich der Nahrungsaufnahme verschob. Unbewusst konnte sich so für das Mädchen der Wunsch erfüllen, geschlechtsloses Kleinkind bleiben zu dürfen, das weiterhin von seiner Mutter versorgt wird. Damit verweigerte sie die Übernahme jenes Bildes von Weiblichkeit, das ihr die Mutter vermittelte. Vor diesen Hintergründen hatte sich eine schwerwiegende Erkrankung, eine Anorexia nervosa (Magersucht) gebildet.

Die psychotherapeutische Behandlung

Über den äußeren Rahmen der Therapie habe ich bereits berichtet. Glücklicherweise geriet Reginas Körpergewicht in keinen bedrohlichen Bereich, der einen Krankenhausaufenthalt erforderlich gemacht hätte. Arbeit an den innerseelischen Konflikten genügt bei anorektischen Mädchen so gut wie nie. In einer begleitenden Psychotherapie muss auch an den familialen Beziehungen gearbeitet werden. Fast die gesamte Therapie Reginas wurde im Liegen durchgeführt, und unsere gemeinsamen Stunden wurden zum Mittelpunkt ihres Lebens. Ich war für sie Mutter und Vater gleichermaßen, so gut wie immer herrschte eine einträchtige Stimmung. Später kam es zu heftigen Streitereien mit der Mutter, aber nicht ein Hauch von Aggression geriet je in unsere Beziehung. Das sah ich natürlich nicht nur positiv, doch wünschte sich Regina durchweg eine harmonische Beziehung zu mir. Ein zentraler Bereich war das hochempfindliche Gewissen des Mädchens, das Sexualität derart verdammte, dass eine Lösung der Konflikte des Jugendlichenalters zunächst nicht möglich wurde. So gut wie in jeder Stunde war das »schlechte Gewissen« zentrales Thema. Regina litt immens unter diesen schrecklichen Gefühlen. Sie fühlte sich erleichtert, wenn wir darüber sprachen, denn so konnte ich einen Anteil ihrer Ängste in mich aufnehmen. Ihr Gewissen musste wieder flexibel und menschlich werden, musste zulassen, was die Pubertät einforderte. Erste Veränderungen nahm ich mit Freude wahr, als Regina erzählte, beim Jugendtreff gebe es einen Jungen, der ihr sehr gefalle. Mit Entrüstung hatte die Mutter bemerkt, dass Regina, erst 14 Jahre alt, zu solchen Treffs ging. Jetzt wurde es zu meiner Aufgabe, bei der Mutter Einsicht zu schaffen, dass es für ein junges Mädchen in der Pubertät ganz normal sei, eigene Wege zu gehen und Regina sich von der Mutter und ihren Vorstellungen lösen müsse. Der Mutter wurde bewusst, dass sie Regina auch darum festgehalten hatte, weil sie Angst hatte, allein zu sein. Der Ehemann war ganz aus ihrem Blickfeld geraten, bei beiden spielte die Paarbeziehung kaum mehr eine Rolle. Mit ihrer übergriffigen Verklammerung hatte sie auch verhindert, dass der Vater eine Rolle für die Tochter spielen konnte. Denn nur mithilfe des Vaters kann sich eine Tochter aus einer zu großen Nähe zur Mutter befreien. Vor allem ist für die Entwicklung von Weiblichkeit eines Mädchens eine liebevoll-anerkennende und erotisch-zärtliche Beziehung zwischen Vater und Tochter von höchster Bedeutung. Dazu gehört ein Vater, der seine Tochter grenzenlos liebt, allerdings mit allen Grenzen. Ein Vater darf niemals übergriffig sein. Eine solche väterliche Zuneigung hatte bei Regina nicht einmal ansatzweise stattfinden können, denn die Mutter hatte den Vater von ihr ferngehalten und ihn entwertet. Diese Themen gerieten ins Zentrum der Arbeit mit den Eltern. Freudig nahm ich es zur Kenntnis, als Regina zum ersten Mal vom Vater träumte. Anders als in der Realität war er im Traum liebevoll und zugewandt, und Regina konnte Gefühle von Nähe und Zuneigung zulassen. Wenig später begann die inzwischen 16-jährige Regina über ihre erste Verliebtheit in einen 17-jährigen Jungen zu sprechen und von ihm zu schwärmen.

Die Behandlung dauerte vier Jahre, bis Regina ihre Symptomatik verlor und sich zu einer normalgewichtigen jungen Frau entwickelte. Darüber war ich sehr froh, denn trotz Aufarbeitung aller Konflikte bleibt die Körperschemastörung oft lebenslang erhalten. Nach Vorträgen von mir haben sich viele Frauen geoutet, dass sie letztendlich immer noch ständige Ängste vor einer Gewichtszunahme hätten, ständig sich selbst oder ihre Kinder kontrollierten. Eine Frau vertraute mir einmal an, ihr Traum sei es, einen Blumenkohl für eine ganze Woche zu kochen und sich jeden Tag eine Ration davon abzuschneiden.

Der Abschluss der Therapie fiel Regina schwer, lange noch schrieb sie mir Briefe, in denen sie mir weiterhin von ihren täglichen Problemen berichtete. Regina heiratete und bekam zwei Kinder. Ein einziges Mal kam es zu einem leisen Rückfall in die alte Problematik, als sie glaubte, ihr 14-jähriger Sohn würde zu viel essen und könnte zu dick werden, obwohl er völlig normalgewichtig war.

Magersucht ist ein komplexes Zusammenspiel vieler Faktoren. Anorexien treten zu 95 % bei jungen Mädchen auf. Das macht deutlich, dass es vorrangig um Störungen auf dem Weg zu einer weiblichen Identität geht. Ich habe viele Anorexien von Mädchen im Jugendlichenalter behandelt und noch mehr als Supervisor begleitet, unter anderem während vieler Jahre in einer Psychosomatischen Klinik. Jedes Mal lagen unterschiedliche Konflikte zugrunde, wirkten verschiedene seelische Kräfte, und jede Therapie verlief anders. Doch fast immer ist die Gewissensbildung beteiligt und die Bewältigung der Pubertätskonflikte misslingt. Meist liegen frühe Bindungs- und Beziehungsstörungen vor, die Paarbeziehung der Eltern ist gestört und der Vater hat keine angemessenen Funktionen für die Tochter übernommen. Ich habe zudem keine Mutter eines magersüchtigen Mädchens kennengelernt, die ein unverkrampftes Verhältnis zur Nahrungsaufnahme hatte, entweder waren die Mütter zu dick, zu dünn oder ewige Kalorienzähler.

Eine Magersucht hat nicht immer nur psychische Gründe. Auch Hinweise auf eine genetische Disposition existieren, das haben Zwillingsuntersuchungen eindeutig nachgewiesen. Eine internationale Forschergruppe unter Beteiligung der Universität Duisburg-Essen konnte ein Gen ausmachen, das die Essstörung Anorexia nervosa begünstigt. Dieses Wissen sollte allerdings nicht einschränkend wirken, die Aufnahme einer psychotherapeutischen Behandlung ist immer indiziert.

In einigen Kulturen stehen Nahrungsmittel nicht uneingeschränkt zur Verfügung. Vor vielen Jahren war ich bei einem Kongress in Nepal. Dort befragte mich ein Psychiater ausführlich nach Anorexien in Deutschland. Er sagte, in Nepal gebe es so gut wie keine Magersucht, denn: »Wir haben nicht genügend zu essen, dann kann man das Essen auch nicht verweigern«.

In den westlichen Wohlstandsgesellschaften wurde Schlankheit zum Ideal von Weiblichkeit und Leistungsfähigkeit gekürt: Das Schönheitsideal wird längst nicht mehr von den üppigen Frauen des Malers Rubens repräsentiert, sondern eher von hohlwangigen Fotomodellen. Auch der dynamische erfolgreiche Mann ist schlank und gebräunt. Dick sind nur Versager oder Komiker, welche sich zum Gespött hergeben. Konsum ist großartig, doch Gewicht ein Makel. Eine Mutter sagte mir: »Mein Mann und ich verachten dicke Menschen. Denn fett, das ist hässlich; schlanke Menschen sind immer auch schöne Menschen«. Ihre Tochter war wegen einer schweren Magersucht bei mir in psychotherapeutischer Behandlung. Diese Mutter machte sich zum Sprachrohr des herrschenden Diktats, Dicke seien hässlich und zügellos, sie lebten ungesund und würden so zum Kostenfaktor für die Allgemeinheit. Sie könnten schlank sein, wenn sie nur den notwendigen Willen besäßen. Aber sie sind gierig.

Leider wird bereits jungen Mädchen ein problematisches Ideal von Schlankheit suggeriert. Germany's next Topmodel ist eine Fernsehshow, die vorwiegend jugendliche Mädchen anspricht. Die

Sendung steht im Verdacht, Mädchen, die für Magersucht anfällig sind, in der falschen Wahrnehmung ihres Körperselbst zu bestätigen. So bejahen etwa Mädchen, die Germany's next Topmodel ansehen, deutlich häufiger als eine Vergleichsgruppe, dass sie sich zu dick fühlen. Es ist eine Fernsehshow, die den Menschen letztendlich auf sein Aussehen und sein Schlanksein reduziert, voller flacher Klischees. Kaum ein anderes Störungsbild wird so sehr von Bildern bestimmt, die von Einzelnen und der Gesellschaft auf Frauen projiziert werden.

Martina Wildner hat 2011 einen Roman mit dem Titel Grenzland geschrieben, ich habe dazu das Nachwort verfasst. Die Autorin beschreibt darin ein Grenzland voller seelischer Gefahren. Sie berichtet von Fantasien und Taten jugendlicher Mädchen, die den »totalen Sieg über den Körper« bedeuten, sie enden in Essstörungen und Selbstverletzungen. Was Außenstehende als bizarre Askese und selbstquälerisches Handeln wahrnehmen, bedeutet für diese Mädchen grandiose Hochstimmung und Lust. Wildner beschreibt in ihrem Roman auch eine erbarmungslose Frau, die das Urbild einer primitiven, schrecklichen Mutter darstellt, die Kinder und ihre Seelen an sich presst und sie letztendlich verschlingt. Diese Frau ist eine Verkörperung des unerbittlichen und verfolgenden Gewissens, das jene Störungen auf dem Weg zum Frausein hervorrufen kann. Wildner führt die Leserinnen und Leser in die groteske Fantasiewelt von essgestörten Mädchen ein. Nur wer diese andere Welt zur Kenntnis nimmt, kann diese Mädchen überhaupt verstehen.

Ist es nicht beklemmend, wie ein grausames und rücksichtsloses Gewissen es bewirken kann, dass jugendliche Mädchen verhungern? Obwohl Nahrung im Überfluss vorhanden ist! Bei solchen Geschehnissen müssen wir uns wieder einmal bewusst machen, dass ein wesentlicher Teil des Seelenlebens sich der Herrschaft des bewussten Willens entziehen kann.

12
Was ist Wirklichkeit?

Unser bewusstes Ich muss getrennt halten *und* vereinigen, was Außenwelt ist und was aus den Tiefen des Unbewussten rührt. Was geschieht aber, wenn unser Bewusstsein von Fantasien aus dem Unbewussten überschwemmt wird? Dann kann das Ich die Wirklichkeit nicht mehr klar wahrnehmen, es kann zu wahnhaften Verkennungen der Realität kommen. Psychoanalytiker sprechen von einer gestörten Realitätsprüfung. Ich will ein solches Versagen der bewussten Wahrnehmung mit drei kleinen Vignetten verdeutlichen.

Matthias

Etwa eine Woche vor einer wichtigen Prüfung im Gymnasium zeigte sich Matthias zunehmend niedergeschlagen, gedankenverloren und sprach nur wenig. Auf Befragen seiner Eltern gab er an, dass er die vertraute Umgebung völlig verändert erlebe, »wie in einem Traum«. Er äußerte zudem die Befürchtung, er könne der zunehmenden Unordnung im Haus seiner Eltern nicht mehr Herr werden. Wegen seines »Ordnungs-Tics« war Matthias wiederholt in Auseinandersetzungen mit seiner Mutter geraten. Nach kurzer Besserung seines Zustandes geriet er erneut in einen

Zustand schwerer Niedergeschlagenheit und in ein anhaltendes Grübeln.

An einem Wochenende war der junge Mann allein zu Hause, seine Eltern waren zu einem Kurzurlaub verreist. Mit einem Mal erlebte Matthias die Welt wie hinter Glasscheiben. Er wurde von panischen Ängsten überflutet. Weil diese immer unerträglicher wurden, ging Matthias zu seinem Hausarzt. Um einer möglichen suizidalen Gefährdung entgegenzuwirken, wurde er mit Verdacht auf Schizophrenie in eine Psychiatrische Klinik eingewiesen. Nach achtwöchigem stationärem Aufenthalt wurde Matthias entlassen. Seither traten die Zustände regelmäßig alle drei Wochen auf; der junge Mann fühlte sich schrecklich allein und voller Angst, erlebte die Umwelt immer wieder wie hinter Glasscheiben und blieb meist so lange im Bett, bis sich die Zustände von selber ein wenig besserten. Zunehmend fühlte sich Matthias beeinflusst von Zwangsgedanken, die überwiegend um die Gefährdung der Umwelt und die Bedrohung seiner eigenen Gesundheit kreisten. Die Klinik berichtete von panikartigen Ängsten, Derealisationserscheinungen, mit Niedergeschlagenheit und Trauer. Als Derealisation wird die Wahrnehmung eines Menschen bezeichnet, der die Außenwelt als fremd, fern und unwirklich empfindet.

Bei unserer ersten Begegnung sprachen wir über das Behandlungsbündnis und auch über Träume. Tatsächlich erinnerte sich Matthias an einen Traum. Er war allein auf einer Insel, mitten im Meer. Plötzlich bemerkte er, dass durch die Insel ein Bach floss. Er sah einen weiteren Bach, der den ersten kreuzte; die Bäche verästelten sich, und er bemerkte, dass sich die Insel zunehmend aufzulösen begann, weil sich immer mehr Rinnsale bildeten, die das Erdreich fragmentierten. Matthias geriet in Angst und Panik, während er sah, wie das Wasser der mittlerweile unendlich vielen Rinnsale die Insel zu überschwemmen drohte, so dass die Erde völlig verschwinden und er in den Fluten untergehen würde.

Matthias' Traum von der Fragmentierung und Auflösung seines

Selbst faszinierte und erschreckte mich gleichermaßen. Sein schwaches Selbst und die Funktionen seines Ichs wurden auf Grund des Triebeinbruches regelrecht zerbröselt und vom Unbewussten überflutet. Wir können das Festland als sein bewusstes Ich begreifen, das überflutende Wasser als die aus dem Unbewussten kommenden Fantasien.

Mein Zimmer gehört mir!

Maria war zwölf Jahre alt, als sie sich zum ersten Mal bei mir vorstellte. Sie war ein pummeliges Mädchen mit Pferdeschwanz und ausgeprägten Brüsten. Sie trug eine Zahnspange, ihr Sprechen klang verwaschen, sie war nur schwer zu verstehen. Maria wirkte unsicher, ängstlich, sie schien große Angst vor dem Leben zu haben. Ich dachte bei mir, wie es diesem kleinen kindlichen Seelchen in dem Körper einer Erwachsenen wohl geht? Wenn die Pubertät eintritt, befindet sich das kindliche Seelenleben mit einem Mal in einem körperlich reifen Erwachsenenleib. Der Körper hat das Kind im Ich nicht gefragt, ob es die Verwandlung samt den überwältigenden und ängstigenden Gefühlen überhaupt möchte. Er erzwingt die seelischen Veränderungen einfach, die Seele muss sich dieser inneren Diktatur anpassen. Maria traf die Belastung der Pubertät doppelt schwer, denn die Eltern taten alles, sie klein zu halten. Die Mutter war sehr depressiv, sie ertrug die Autonomiewünsche des Mädchens nur schwer. Als großes Problem erschien mir allerdings der Vater. Er hatte Priester werden wollen und trug seine hohen moralischen Ansprüche regelrecht vor sich her. Er erzog Maria und ihre sechs Jahre jüngere Schwester mit äußerster Strenge und hohen moralischen Anforderungen. Bei Maria hatte sich ein überaus strenges Gewissen gebildet, das typische »Mädchenängste« nach sich zog, Ängste vor Liebesverlust, Schuld- und Schamängste. Alles, was sich Mädchen in der Pubertät wünschen, wurde Maria untersagt, so war sie in der Klasse zur Außenseiterin geworden. Sie wurde belächelt, von einigen gezielt verspottet. Das machte Maria zusätzlich sehr unglücklich. Ihre Spannungen entluden sich zu Hause mit heftigen Durchbrüchen, und nicht selten beschimpfte sie die Mutter wüst. Im Lauf der Therapie erfuhr ich, dass der Vater ebenso unbeherrscht war. Alle fürchteten seine Wutanfälle. Maria erzählte mir von einer Szene, die ich als prototypisch empfand. Nahezu alle Urlaube verbrachte die Familie in einem Kloster. Dort wurden auch Freizeitaktivitäten für Kinder angeboten. Da in Marias Alter niemand mehr mit den Eltern Urlaub machte, vor allem nicht in einem Kloster, musste das Mädchen die Freizeiten mit wesentlich jüngeren Grundschulkindern verbringen. Ein Schmetterlingstanz wurde eingeübt und vorgeführt. Die 13-jährige füllige Maria, inzwischen mit großen Brüsten, musste mit 7–9-jährigen Mädchen tanzen, sie ertrug die Blicke der amüsierten Zuschauer nur schwer.

In der Therapie wurden viele Selbstwertzweifel, Versündigungsfantasien und ausgeprägte Zwangssymptome deutlich und bearbeitet. Wir beendeten die Behandlung einvernehmlich, als Maria 16 Jahre alt wurde. Viele Symptome hatten sich zurückgebildet.

Maria besuchte weiterhin das Gymnasium, bestand das Abitur und begann eine Lehre. Dort verliebte sie sich in einen jungen Mann, vertraute dies einer Freundin an, die es prompt allen weitererzählte. Viele Mitarbeiter lachten über Maria, die nach außen abweisend, ein wenig spröde war und neckten sie. Wenige Tage später kam es zu einem Zusammenbruch; Maria erzählte wirre Dinge und wirkte völlig desorientiert. Sie wurde in eine psychiatrische Klinik gebracht, wo sich die Symptomatik, auch nach Verabreichung von Neuroleptika, bald wieder besserte. Danach wollte Maria mit einer neuen Psychotherapie bei mir beginnen. Ein Vorgespräch hatte bereits stattgefunden, als mich Marias Vater an einem Sonntagabend gegen 22 Uhr verzweifelt und weinend anrief. Maria äußere erneut seltsame Dinge, wolle weglaufen, und man müsse sie wohl wieder in die Klinik bringen. Er fürchte, dass sie dann längere Zeit dort bleiben müsse und ihre Lehre nicht zu Ende bringen könne. Ob ich nicht kommen und mit Maria sprechen könne. Zu jener Zeiten, als sich Kindertherapien erst entwickelten, waren Hausbesuche noch die Regel. Mittlerweile ist es Teil der Rahmenbedingungen, dass analytische Psychotherapien ausschließlich im Praxiszimmer stattfinden. Im Fall Maria war mir sofort klar, dass ich eine Ausnahme machen und zu ihr fahren musste, um ihre gesunden Ich-Anteile zu unterstützen.

Als ich ankam, stand die ganze Familie um Maria herum. Maria grüßte mich leise und erfreut, aber entgegen ihrer sonstigen Art eher flüchtig. Sie müsse weg. Unten im Park warte ein junger Mann auf sie. Sie müsse ihm unbedingt eine Rose bringen. Maria wirkte sichtlich erregt, manisch getrieben und wollte immer wieder wegrennen. Nur mit Mühe gelang es mir, sie dazu zu bringen, dass sie sich zu mir an den Tisch setzte, mit mir sprach und Einzelheiten von dem jungen Mann erzählte, der angeblich schon längere Zeit auf sie wartete. Alle blickten gespannt auf mich, mit einer Mischung aus Mitleid für Maria, aber auch mit indiskreter Neugierde. Ich spürte eine große Anspannung und Angst, ob ich die unberechenbare Situation mit Maria bewältigen könnte. Zunehmend war mir unwohl, dass die ganze Großfamilie dabeisaß und zuhörte. Ich schlug darum Maria vor, dass wir beide in ihr Zimmer gehen könnten. Im gleichen Moment spürte ich, dass ich etwas für Maria ganz Unfassliches und Entsetzliches gesagt hatte. Sie erstarrte, wurde schneeweiß im Gesicht und lief unvermittelt puterrot an. Schließlich sagte sie abweisend und kalt: »In mein Zimmer darf nur einmal mein künftiger Mann hinein!« Mit Erschrecken wurde mir klar, dass Maria ihren Körper und ihre Vagina mit ihrem Zimmer gleichgesetzt und meinen wohlmeinenden Vorschlag als rücksichtslosen Übergriff gewertet hatte. Ich sagte also zu ihr: »Bitte entschuldigen Sie, ich bin Ihnen zu nahe gekommen, das wollte ich nicht.« Maria lächelte mich an. Sie hatte Vertrauen zu mir, weil sie wusste, dass ich in der Vergangenheit nie übergriffig gewesen war. Sie konnte meine Entschuldigung annehmen, weil sie sich von mir intuitiv verstanden sah. Ich bat daraufhin die Familienangehörigen, sich zurückzuziehen, was diese auch zögerlich taten. Als sich alle entfernt hatten, sprach ich längere Zeit mit der Jugendlichen, bat sie auch, ihre Medikamente zu nehmen. Maria holte ein Glas mit Wasser und nahm in meiner Anwesenheit ihr Medikament ein. Wir sprachen noch fast eine Stunde über ihre anstrengenden Vorbereitungen zur anstehenden Prüfung, dann verabschiedete ich mich und fuhr nach Hause.

Am nächsten Tag rief mich Maria an, sie erschien wieder deutlich orientiert und symptomfrei. Sie erinnere sich, dass ich am Vortag bei ihrer Familie gewesen sei. Das habe ihr offensichtlich geholfen, genau wisse sie es aber nicht. Sie wolle sich bedanken. Aber das könnten wir in der bereits vereinbarten Sitzung besprechen.

Bei der Begegnung mit Maria konnte ich ein interessantes Phänomen beobachten. Dort, wo unbewusste Fantasien und die reale Außenwelt nicht mehr getrennt werden können, kann es zu einer »symbolischen Gleichsetzung« kommen. Maria hat ihr Zimmer als mit ihrem Körper identisch erlebt: Sie hat das Symbol mit dem Symbolisierten gleichgesetzt. In der nachfolgenden Therapie konnten wir daran arbeiten, warum ihr Gewissen derart grausam war. Immer wenn sich Liebesgefühle regten, suchte es, diese zu vernichten. Wurden die inneren Auseinandersetzungen zu heftig und nicht mehr aushaltbar, wurden sie in der Außenwelt inszeniert.

»Du bist der Teufel!«

Ich will noch einen Fall beschreiben, bei dem das beobachtende und steuernde Ich von Fantasien aus dem Unbewussten überschwemmt wurde. Drei Jahre lang hatte ich Stefan in psychotherapeutischer Behandlung. Er war wegen seines Stotterns und der zunehmenden motorischen Tics zu mir gekommen. Die Symptomatik quälte ihn, er fürchtete, keine Freundin zu finden, weil sich viele Mädchen in seinem Umfeld über seine Schwächen lustig machten. Bald stellte sich heraus, dass er ein großes Problem mit seinem Vater hatte, nach dessen Zuwendung und Anerkennung er sich sehnte. Er entwickelte eine vertrauensvolle Beziehung zu mir und sprach offen über alle jene Gefühle, die er bislang in sich verborgen hatte. Altersgemäß waren es die Suche nach einem Mädchen und die Sexualität. Bekanntlich lassen die erotischen und sexuellen Fantasien die Adoleszenz zu einem aufwühlenden Lebensabschnitt werden. Stefan erzählte von Mädchen, die ihn interessierten und denen er sich zu nähern versuchte. Eine weibliche Jugendliche aus der Nachbarschaft schien Interesse an ihm zu zeigen, sie erschien ihm jedoch langweilig und wenig attraktiv. Doch als Maja nach einem halben Jahr Auslandspraktikum zurückkehrte, schien sie Stefan wie verwandelt. Er fand sie wunderschön, war von ihr fasziniert und wollte ihre Bekanntschaft machen. Dies alles geschah in den letzten Wochen unserer Behandlung.

Etwa ein Jahr nach unserer letzten Sitzung erhielt ich an einem Samstag gegen 23 Uhr einen Anruf. Es war Stefan. Er atmete heftig und fiel in sein altes Stottern zurück. Er entschuldigte sich, dass er so spät anrufe, aber es sei sehr dringend. Er sei bei seiner Freundin Maja, er habe mir doch von ihr erzählt. Sie hätten miteinander Sex gehabt. Danach habe sie entsetzlich geschrien, sich von ihm angsterfüllt und argwöhnisch zurückgezogen und gemeint, er sei der Teufel! Ich war bestürzt, denn ich fürchtete, dass bei dem Mädchen eine Psychose ausbrechen könnte. Stefan bat mich zu kommen, er wisse sonst nicht, was tun. Mir war klar, dass ich den jungen Mann nicht im Stich lassen durfte. Also fuhr ich zu der Adresse, die mir Stefan genannt hatte. Es war die kleine Wohnung der jungen Frau. Stefan wartete bereits an der Haustür auf mich, begrüßte mich aufgeregt, und wir betraten die Wohnung.

Maja saß auf ihrem Bett, nur mit Unterwäsche bekleidet. Sie hockte gebückt da, umklammerte mit Armen und Händen ihre Knie. Ihr Gesicht war von Angst verzerrt. Eigenartigerweise nahm sie meine Ankunft wie selbstverständlich hin. Sie schaute nur auf Stefan, der sich in gebührender Entfernung aufhielt. Ich setzte mich Maja gegenüber auf einen Stuhl, so nahe und so fern wie möglich. Nach einer Weile stellte ich mich mit meinem Namen vor und erwähnte, dass sie wohl wisse, dass Stefan bei mir zur Behandlung gewesen sei und Vertrauen zu mir habe. Er habe mich angerufen, weil sie in Panik geraten sei. Maja schaute mich jetzt an und schien sichtlich erleichtert, dass noch jemand außer Stefan im Raum war. Dann sagte ich zu ihr, dass es manchmal heftige Ängste gebe, die einen Menschen zu Tode erschrecken könnten. So sei das bei ihr gewesen. Das Gesicht von Maja entspannte sich immer mehr und ihre Haltung lockerte sich langsam. Sie hörte mir aufmerksam zu. Schließlich sagte sie zu Stefan: »Biete dem Herrn doch etwas zu trinken an!« Und schließlich: »Ich weiß gar nicht mehr, was los ist. Ich kann mich nur daran erinnern, dass Du mich nach dem Kino nach Hause begleiten wolltest«.

Ich nahm beiden das Versprechen ab, dass sich Maja am Montag bei einem Psychiater vorstellen solle. Wenige Tage später rief mich Stefan an, bedankte sich bei mir und sagte, es gehe Maja gut. Sie könne sich allerdings an nichts erinnern, außer dass ich gekommen sei und wir ein beruhigendes Gespräch geführt hätten. Stefan hat Maja später geheiratet, ich habe nichts mehr von beiden gehört und hoffe, dass es bei diesem einmaligen wahnhaften Einbruch geblieben war.

Was im Einzelnen geschehen ist, darüber kann ich nur spekulieren, weil ich Maja nur dieses eine Mal gesehen habe. Die »Entängstigung« war wohl dadurch möglich geworden, weil ich als Dritter die bedrohliche Nähe zum Sexualpartner entschärft hatte. Ein Geschlechtsakt ist ein sehr regressiver Vorgang, der unterschiedliche unbewusste Fantasien wiederbeleben kann. Der Teufel ist die Personifizierung des Bösen. Warum hat Maja ihren Freund nach der sexuellen Vereinigung zum absolut Bösen gemacht? Hatte in ihrer Kindheit ein Missbrauch stattgefunden, an den sie sich nicht mehr erinnern konnte und der wiederbelebt wurde? Ich befürchtete auch, dass Maja ein sehr strenges Über-Ich besaß. Das Über-Ich verkörpert Moral und Gewissen eines Menschen. Es ist eine empirische Tatsache, dass kleine Mädchen in unserer Gesellschaft früher und rigider zur Reinlichkeit und Ordentlichkeit erzogen werden als kleine Jungen. Sie erleben die Mütter darum auch als kontrollierender und eindringender, und es kann sich bei ihnen ein strenges und verfolgendes Über-Ich entwickeln. Waren Majas Schuldgefühle so groß geworden, dass sie diese auf Stefan projizierte, um sich selbst psychisch zu entlasten?

Wir wissen nicht genau, welche auslösenden Ereignisse, seelische Verfassungen und welche Fantasien zusammenwirken, damit sich ein innerer Konflikt in solch dramatischer Form in Szene setzt wie in diesen beiden Fällen. Angst und Schrecken solcher Situationen können durch die Anwesenheit eines einfühlsamen Dritten nahezu immer entschärft werden.

13

Die Schlinge um den Hals

Mitten in der Nacht läutet es plötzlich Sturm. Verwirrt schrecken meine Frau und ich auf. Ich sehe auf die Uhr, es ist kurz nach eins. Was mag das sein? Es läutet schon wieder, noch penetranter. Ich stehe auf, ziehe meinen Bademantel an, laufe schlaftrunken die Treppe hinab, öffne die Haustür. Draußen steht Udo, ein befreundeter Arzt. Er entschuldigt sich und kommt rasch zum Thema: »Hans, Du musst mir helfen. Ich bin gerufen worden, weil sich ein Patient von mir erhängen will. Du musst mich bei diesem Gespräch unterstützen. Am besten, wir fahren gleich los, und ich erzähle Dir alles unterwegs. Es ist etwa 15 km entfernt – wir werden wohl 20 Minuten für den Weg benötigen«.

Udo erzählt, was bisher geschehen ist. Der Mann, um den es sich handelt, ist 24 Jahre alt und schon seit einiger Zeit Udos Patient. Ich nenne ihn hier Oliver. Er sei ihm in der Sprechstunde nicht weiter aufgefallen. Wegen Erkältungskrankheiten sei er gelegentlich in die Praxis gekommen, einmal wegen eines Sturzes mit nachfolgender Verstauchung. Die Polizei habe ihn kurz vorher angerufen, er müsse zu einem Notfall kommen. Es gehe um seinen Patienten. Oliver sei auf einen Baum gestiegen und habe sich eine Schlinge um den Hals gelegt. Er drohe zu springen, wenn sich ihm jemand nähere. Der junge Mann habe seine Freundin besucht, in der Beziehung habe es schon längere Zeit gekriselt. Nach dem Mittagessen habe ihm die Freundin eröffnet, dass sie sich von ihm trennen wolle. Oliver reagierte entsetzt und wütend. Er vermutete, ein anderer Mann sei die Ursache für die Trennung. An dieser Stelle hatte sich augenscheinlich der Vater eingemischt und gesagt, wenn Oliver herumschreie, solle er lieber das Haus verlassen. Das steigerte dessen Wut. Er rief, wenn sich seine Freundin von ihm trennen würde, nähme er sich lieber das Leben. Das genügte dem Vater, er forderte Oliver endgültig auf zu verschwinden. Oliver rannte hinaus, wenig später kehrte er mit einem Strick zurück. Dann war er auf einen Baum gestiegen, hatte das Seil angebunden und sich eine Schlinge um den Hals gelegt. Dann schrie er nach seiner Freundin. Wenn sie dabei bleibe, ihn zu verlassen und weiter zu betrügen, werde er springen. Der entsetzte Vater habe die Polizei verständigt, diese den Hausarzt sowie den Notfalldienst und die Feuerwehr.

Auf der Fahrt wurde mir klar, in was für eine Situation ich hineingeraten war. Ich war um die vierzig Jahre alt, seit etwa 10 Jahren als Kinder- und Jugendlichen-Psychotherapeut niedergelassen und hatte noch nie mit einem Suizidalen in einer akuten Situation gesprochen. Ich musste an ein Seminar während des Psychiatriepraktikums zurückdenken. Dort hatten wir über die körperlichen Symptome nach Erhängen gesprochen und gelernt, wie man einen Erhängten aus der Schlinge löst. Mit Entsetzen dachte ich: O Gott, lass ihn nicht springen. Ich will das nicht sehen! Und ich möchte nicht die Schuld daran tragen.

Aber zu spät. Wir waren angekommen. Schon von weitem hatte man die blinkende Feuerwehr, die Polizeiautos und den Notfallwagen hören und sehen können. Die Szenerie wirkte höchst gespenstisch. In der Nähe stand ein Trupp Männer, einige in Polizeiuniform, andere weiß gekleidet, alle in gebührendem Abstand zum Baum. Dann sah ich den jungen Mann auf dem Baum, die Schlinge um den Hals. Er stand auf einem Ast und hielt sich am Stamm fest. Seine Augen waren vor Angst aufgerissen, und mir war klar, dass er unter Todesangst litt. Das hieß aber nicht, dass er nicht im Affekt springen würde. Udo und ich stellten uns dem Einsatzkommando vor. Udo erklärte, ich sei ein erfahrener Psychotherapeut und könne das Gespräch mit dem jungen Mann führen. Meine Beine zitterten.

Alle waren einverstanden. Niemand hatte sich offensichtlich bislang getraut, mit Oliver zu sprechen, aus Angst, er könnte springen. Niemand hatte diese Verantwortung übernehmen wollen. Ich sagte zu, mit dem jungen Mann zu sprechen, aber nur unter einer Bedingung: Man dürfe nicht in unsere Nähe kommen, weder Polizei noch Ärzte. Und was ich vereinbaren würde, müsse auch eingehalten werden. Man dürfe den Mann nicht festhalten, sollte er vom Baum herunterkommen. Die Einsatzleitung erklärte sich mit allem einverstanden.

Ich nahm Blickkontakt mit Oliver auf und näherte mich ihm. Sofort schrie er: »Bleiben Sie stehen, sonst springe ich!« Ich stellte mich vor und sagte, dass ich in M. wohne. Ich war stehen geblieben. Zu meiner Überraschung sagte er: »Ich kenne Sie, Sie wohnen doch auch in M.!« Es schuf mir erste Sicherheit, dass er mich kannte. Vielleicht war es ein Vorteil. Ich trat wieder einen Schritt näher, aber Oliver schrie sofort, dass ich stehen bleiben müsse. Ich sagte: »Ich will Ihnen nichts tun, ich will nur mit Ihnen sprechen, Oliver!« Mir war es wichtig Vertrauen zu schaffen, darum nannte ich seinen Namen. Wiederum trat ich etwas näher, dieses Mal sagte Oliver nichts. Ich erklärte erneut, dass ich mit ihm reden wolle. Denn ich fühlte, dass Oliver nicht sterben wollte. Vielleicht wollte er sogar den Schlamassel beenden, in den er sich hineinmanövriert hatte, wusste aber nicht, wie er ohne Gesichtsverlust herauskommen könnte. Ich bat ihn, mir zu erzählen, wie alles gekommen sei. Er schwieg lange. Dann meinte er: »Elisabeth hat mich verlassen. Sie hat einen anderen. Ohne sie kann ich nicht leben!« Jetzt schwieg ich eine Weile. Ich wusste sehr gut, welch schneidenden Schmerz Liebeskummer verursachen kann. Diese Schmerzen sind so grausam, dass der Tod manchmal als einzige Lösung erscheint. Ich bekam Angst und überlegte, wie wir den Liebesschmerz im Gespräch meiden könnten. Ich wollte wieder Hoffnung in unser Gespräch bringen und meinte, dass ich bereit sei, mit Elisabeth oder mit beiden zu reden. Sofort schrie er: »Niemals mehr will ich mit ihr reden!« Ich schwieg wieder, sah mich in einer Sackgasse. Dann meinte ich, ganz ehrlich, ich fände die Umstände schrecklich, so unter Beobachtung aller zu sprechen. »Wollen Sie nicht herunterkommen? Mir ist zugesichert worden, dass wir in Ruhe sprechen können.« Oliver wurde sehr wütend. »Sie wollen mich nur beschwatzen, dass ich herunterkomme. Nein, ich springe jetzt!« Ich bekam Todesangst, er werde es unmittelbar tun, und tatsächlich, er machte Anstalten zu springen. Ich trat einen Meter zurück und rief: »Bitte Oliver, spring nicht!« Ich glaube, er spürte meine große Angst um ihn, und die traf auf seine Todesangst. Ihm war klar geworden, dass er Elisabeth zurückhaben, aber nicht sterben wollte. Wieder langes Schweigen. Jetzt wartete ich ab, um nicht erneut eine riskante Situation auszulösen. Nach einer Zeit des Schweigens, ich sah auf meiner Uhr, dass es halb vier war, begann Oliver wieder zu sprechen. »Garantierst Du mir, dass ich einfach weggehen darf, wenn ich vom Baum herunterkomme? Dass ich in keine Psychiatrie muss?« Ich war überglücklich, dass er endlich das erlösende Wort gesprochen hatte, und gab ihm zur Antwort, dass mir das nachdrücklich zugesagt worden war. Ich stellte fest, dass wir vom Sie zum Du übergegangen waren. Ich sagte: »Oliver, das würde mich sehr glücklich machen.« Er schwieg wieder. Dann meinte er, dass er sehen müsse, wie die nächsten Tage verlaufen. Langsam befreite er sich von der Schlinge, ließ sie einfach neben sich fallen. Er kletterte langsam den Baum herab. Zunächst versuchte er meinem Blick auszuweichen, dann schaute er mich an, kam auf mich zu und schüttelte mir die Hand.

In diesem Moment rasten vier Polizisten auf uns zu. Sie warfen sich auf Oliver, drückten ihn zu Boden und legten ihm Handschellen an. Ich schrie: »Das ist Wortbruch!« Nie werde ich den traurigen, enttäuschten Blick von Oliver vergessen. Ganz offensichtlich hielt er mich für einen Lügner und Betrüger, der ihn nur heruntergelockt hatte. Ich war entsetzt und wütend und schrie den Einsatzleiter an, dass der Junge sofort freigelassen werden müsse. Dieser erwiderte kalt, dass es seine Pflicht sei, den jungen Mann in die geschlossene Psychiatrie zu bringen. Er sei eine Gefahr für sich selbst und vielleicht auch für die ehemalige Freundin und deren Familie.

Übermüdet fuhren Udo und ich nach Hause. Ich hatte gesiegt und dennoch verloren. Ich fühlte mich nur elend. Udo war ebenso wütend wie ich über diese Infamie.

Es war halb sechs, als ich völlig übermüdet ins Bett ging. Um 8 Uhr würde mein erster Patient kommen. Um 9 Uhr rief mich Udo an. Oliver habe in der Psychiatrie geschrien und randaliert, so dass man ihn nach Hause entlassen hatte. Offensichtlich hatte man gefürchtet, er könnte sich dort etwas antun. Ich habe Oliver einen Brief geschrieben, dass ich ehrlich gewesen und die Polizei mir in den Rücken gefallen sei. Ich lud ihn zu einem Gespräch ein, aber er ist nicht gekommen. Ich habe nie mehr von ihm gehört, auch Udo nicht. Wir vermuteten, dass er aus Scham weggezogen war. Ich bin heute noch glücklich, dass sich Oliver nicht erhängt hat. Alles hatte nur an einem seidenen Faden gehangen. Schon damals war mir bekannt, dass Suizid bei Jugendlichen zu den zweithäufigsten Todesursachen nach Unfällen gehört.

Während meines Gesprächs mit Oliver war ich von einer entsetzlichen Erinnerung belastet. Ein enger Freund meines Sohnes war bei einem Examen durchgefallen. Zur gleichen Zeit hatte sich seine Freundin von ihm getrennt. Er stieg auf ein nahegelegenes Viadukt, um in die Tiefe zu springen. Unten wartete die Polizei, einer der Polizisten versuchte mit ihm zu reden. Er solle herunterkommen. Der Freund meines Sohnes lachte und schrie, er käme! Er zeige jetzt, dass er fliegen könne – und sprang in den Tod. Daran hatte ich unaufhörlich denken müssen. Während meines Therapeutenlebens hat es innerhalb von Therapien mehrere Suizidversuche gegeben, aber glücklicherweise ist keiner davon tödlich verlaufen. Darüber bin ich heute sehr glücklich. Ich weiß, wie sehr sich manche Kolleginnen und Kollegen schuldig fühlen und leiden, bei denen es anders war.

14
An den Grenzen des Erträglichen – Kinder werden aggressiv

Erfährt ein Gesprächspartner, dass ich Kinder- und Jugendlichen-Psychotherapeut bin, tritt milde Nachsicht auf, oft gepaart mit leiser Überheblichkeit. »Ach, Sie spielen mit Kindern? Kann das nicht jeder?« Die meisten Gespräche mit Eltern beginnen in ähnlicher Weise. Am Anfang muss geklärt werden, dass Spielen mit der Oma etwas anderes ist als das Spielen in Therapien. Spielen ist eine altersgemäße Kommunikation, und der geschulte Therapeut erkennt dabei bewusste und unbewusste Konflikte. Deutungen können diese Konflikte auflösen. Einmal hat sich ein Vater von mir mit den Worten verabschiedet, er müsse zur Arbeit, während ich es ja vergnüglich habe, weil ich mit Kindern spielen dürfe. Ich will zwei Sequenzen vorstellen, die deutlich machen, dass das nicht immer so leicht ist, wie vermutet wird – Kinder können uns an Grenzen des Erträglichen bringen.

Tobias ist zehn Jahre alt. Der Junge ist wegen Trennungsängsten, Unruhe, Getriebenheit bei mir schon längere Zeit in Behandlung. Er kann keine Bedürfnisse aufschieben und Spannungen aushalten. So gut wie nie und nirgends akzeptiert er Grenzen, er gilt als äußerst aggressiv und unberechenbar. Als Tobias vier Jahre alt war, haben sich die Eltern getrennt. Seither lebt der Vater weit entfernt von der Familie mit einer Freundin. Die Mutter wohnt mit Tobias in einer kleinen Stadt. Zwischen den Eltern tobt ein fürchterlicher Krieg um den Verbleib der Kinder, um Unterhaltskosten und ums Überleben überhaupt. Tobias hat eine hochproblematische Mutter, zwanghaft-depressiv, andererseits eindringend und kontrollierend. Sie hat ihn im höchsten Maße in Angst und Spannungen versetzt: Unlusterlebnisse, Frustrationen und Traumatisierungen haben bei dem Jungen von früh an zur Bildung von destruktiven Phantasien geführt. Blitzartig fühlte er sich angegriffen und suchte mich dann in vielfältiger Weise zu attackieren und zu erschrecken. Er wartete beispielsweise – in immer neuen Varianten – vor der Stunde in einem Versteck, um mir Angst einzujagen. Er tauchte mit Waffen auf, bedrohte mich mit einem Knüppel samt Morgenstern, so dass ich wirklich fast jedes Mal in Furcht und Schrecken geriet, obwohl ich vorbereitet war. Er zerstörte Spielmaterial und bestahl mich. Ich geriet in eine Verteidigungshaltung und ließ eine ängstlich-misstrauische Vorsicht walten, in meinem Bemühen, die Situation noch einigermaßen beherrschen zu können. Zudem beleidigte und kränkte er mich laufend und traf mich damit oft bis ins Mark. Er ließ mich damit immer wieder aufs Neue wissen, wie sehr ihn seine Mutter geängstigt und kontrolliert hatte und wie hilflos und ausgeliefert er sich als kleines Kind gefühlt haben musste. Seine nicht aushaltbaren Gefühle suchte der Junge in mir unterzubringen, in der steten Hoffnung, etwas Gutes zurückzubekommen.

Entsprechend ambivalent waren meine Gedanken und Gefühle. Manchmal wurde ich von primitiven Racheimpulsen überschwemmt, die ich nur schwer und manchmal unzureichend kontrollieren konnte. Oft hätte ich am liebsten zugeschlagen, oder ich hätte den Jungen mit Worten verletzen mögen. Seither weiß ich noch besser, dass jeder Mensch in eine Situation geraten kann, in welcher er andere Menschen misshandelt, und dass die Kontrolle unserer Affekte an einem seidenen Faden hängen kann.

Ich habe überlegt, warum mein Hass so groß wurde, dass ich zeitweise für die Ängste und Nöte dieses Kindes regelrecht blind war. Ich kannte solche archaischen Zustände von hilfloser Wut bei mir eigentlich nicht. In meiner Familie und anderswo habe ich niemals unberechenbar gehandelt. Im Allgemeinen schaffen wir es, uns in unseren Beziehungen vor allzu großer Nähe zu schützen. Wir erwerben im Lauf unseres Lebens Statussymbole wie Vermögen, akademische Titel, berufliches Ansehen, die uns ein gewisses Renommee und Bewunderung garantieren und entwertende Attacken anderer verhindern. Im Therapiezimmer, während der psychoanalytischen Arbeit mit Kindern, legen wir ›des Kaisers neue Kleider‹ ab. Wir sind nackt, bloß, und wir werden verletzlich wie ein Kind, das sich im Ernstfall über seine Größenphantasien rettet. Am schwersten war es zu ertragen, dass ich in ein Wechselbad von Gefühlen geriet. Manchmal suchte Tobias meine Nähe, meine Bewunderung, mein Verständnis, war ein reizendes und anhängliches Kind. Von einem Augenblick zum anderen, völlig unvorhersehbar, konnte er sich dann in ein vor Wut schäumendes Monster verwandeln, wenn die gute Beziehung verlorenging, so wie Dr. Jekyll in Mr. Hyde.

Ich möchte eine Stundensequenz vorstellen, die diese Schwierigkeiten verdeutlicht. Ich warte auf den Beginn der Stunde. Ich erinnere aus der vergangenen Stunde Eindrücke von Zuneigung und Harmonie und wundere mich, dass Tobias nicht rechtzeitig kommt. Zehn Minuten später läutet es. Ich möchte Tobias empfangen, öffne die Tür, da drängt die Fahrerin, die Tobias gebracht hat, überfallartig in mein Therapiezimmer. Ich kenne sie flüchtig aus den Erzählungen des Jungen. Ihr gehört das Haus, in dem die Familie wohnt, bei ihr ist Tobias öfter mal. Sie bombardiert mich mit einem aggressiven Schwall von Worten: Tobias sei weggelaufen, er habe nicht zur Stunde kommen wollen, und eigentlich habe er ja recht, hier sei doch alles für die Katz. Und sie wolle alles dazu beitragen, künftig der Allgemeinheit Geld zu sparen, damit es nicht für so unsinnige Dinge wie das hier ausgegeben werde. Wenn es nach ihr ginge, und das sagte sie hasserfüllt und laut, dann würde sie den Jungen schlagen, bis das Blut spritzt. Wut und Entwertungen der Frau lähmten mich und machten mich handlungsunfähig. Ich weiß augenblicklich, dass es ein großer Fehler war, dass ich der Frau keinen Einhalt geboten habe. Endlich gelingt es mir, mich zu fassen. Ich schicke die Frau hinaus und gehe ins Wartezimmer, wo Tobias inzwischen sitzt. Er hat alles mitbekommen.

Tobias kommt ins Therapiezimmer, sein Gesicht ist verzerrt vor Wut. Er stürmt zum Schrank mit den Spielsachen, packt das Tiroler Roulette und wirft die Kugeln hinunter, so dass sie im Raum herumspritzen. Ich spüre, wie ich erschrecke und wie mich gleichzeitig die Wut packt, weil man die Kugeln doch so schlecht wiederfinden kann. Blitzartig öffnet der Junge auch schon den Farbkasten, fängt an, Farbtuben auszudrücken, Farbe sinnlos auf dem Tisch zu verschmieren. Ich spüre, wie ich langsam die Fassung verliere und sage: »Tobias, wir sollten darüber reden, was passiert ist. Du machst lauter Dinge, um mich wütend zu machen. So wütend, wie du bist.«

Sein Gesicht verzerrt sich weiter, und er schreit mich an: »Das ist mir scheißegal, was du sagst, du fette Sau!« Nur noch Kälte und Hass! Ich spüre, neben der grenzenlosen Wut, wie mich Angst überfällt, Hilflosigkeit überkommt, wie ich nicht mehr weiß, was ich darauf antworten soll. Tobias legt weiter nach: »Du bist ein geldgieriges Schwein, du kassierst Geld, wenn ich bei dir bin.« Später habe ich erfahren, dass die Fahrerin auf der Fahrt zur Praxis gesagt hat, ich würde das nur machen, weil ich mit ihm viel Geld verdienen würde. Ich weiß auch, dass sich die Mutter mit dem Vater um Geld streitet und dass Tobias längere Zeit von seinem Vater kein Taschengeld bekommen hat. Ich bin verzweifelt bemüht, meine Gegenübertragung zu kontrollieren, sie zu verstehen und für mich in Sprache umzusetzen. Ich spüre Angst, dass der Junge mich vernichten möchte. Ich möchte gleichzeitig den dünnen Faden, der uns noch verbindet, halten und sage zu ihm, aus heutiger Sicht reichlich hilflos: »Ich verstehe deine Wut. Ich hätte nicht mit Frau B. sprechen sollen.« »Nichts verstehst du von mir, gar nichts«, brüllt Tobias zurück, »und du hast mich nie verstanden, geldgieriger Wichser.« Ich spüre, ich muss ihm unbedingt Grenzen setzen, wenn ich das, was mit uns geschieht, analysieren soll – aber ich weiß nicht wie. Ich habe Angst, unser Streit könnte in dauerhafter Trennung enden.

Tobias fängt blitzartig mit einem anderen Thema an: »Wie heißen denn die anderen Kinder, die hierherkommen?« Er ist schrecklich penetrant und insistierend, er will Namen wissen, will wissen, warum sie herkommen. Ich sage: »Es macht dich heute besonders wütend, dass ich mich auch um andere Kinder kümmere.« Ich weiß aus einem Elterngespräch, dass die Freundin des Vaters, mit der dieser zusammenlebt, ein Kind bekommen wird, und dass Tobias deswegen in den Ferien nicht so lange beim Vater bleiben durfte wie früher; er wurde vor Ferienende heimgeschickt. Die Enttäuschung über den Vater wird jetzt in der Beziehung zu mir wiederbelebt, ebenso verschiedene Beziehungsaspekte mit der Mutter.

Tobias öffnet voller Zorn seine Schublade und möchte seine Sachen mitnehmen: »Das war die letzte Stunde, wo ich bei dir war.« Noch einmal möchte er sich offensichtlich nicht früher wegschicken lassen, die passive Opferrolle verkehrt er jetzt ins Gegenteil. Ich spüre, dass ich eigentlich froh wäre, wenn diese Therapie aufhören würde. Gleichzeitig empfinde ich diesen Impuls als geradezu ungeheuerlich. Ich sage ihm, dass wir ausführlich darüber sprechen müssten, wann die letzte Stunde sei, das gehe nicht so einfach, und ich wollte, dass es weitergehe mit uns. In dem Moment entdeckt er einige Figuren aus Ton auf dem Fensterbrett. Andere Kinder haben sie gefertigt. Er geht hin und will sie zerschlagen. Ich stelle mich schützend davor. »Ich möchte alles von diesen widerlichen Kindern kaputt machen, und ich komme nicht mehr zu dir.« Grußlos rennt er hinaus, lässt alle Türen offen, wie früher schon, um mich zu ärgern, doch auch, um sich den Rückweg offen zu halten. Jetzt erst fällt mir voller Schrecken ein, dass dies die letzte Stunde vor einer Woche Faschingsferien war.

Ich kenne seine Ängste vor Beziehungsabbrüchen mit dem Hintergrund seines traumatischen Trennungserlebens, ich kenne seine kontrollierende und eindringende Mutter. Tobias hat jedoch auch eine schreckliche Wut auf seinen Vater, der ihn im Stich gelassen hat, sich kaum mehr um ihn kümmert und dessen Freundin ein Kind erwartet. Er kann sich nicht kaufen, was er gern möchte, weil ihm das Geld fehlt und weil ihm die Mutter jeden Tag sagt, dass sie in finanziellen Schwierigkeiten sind, weil der Vater nichts schicken würde. Ich war für ihn in den vergangenen Wochen zum idealen Vater geworden. Er hatte einige Stunden zuvor gesagt: »Ich brauche meinen Vater nicht mehr, ich habe ja jetzt dich!« In der vergangenen Stunde waren alle Konflikte, die ihn quälten, inszeniert worden: Ich hatte ihn anfänglich übersehen. In der Übertragung sah er mich in Gefahr, von der Mutter – der Fahrerin – vernichtet zu werden. Er erfuhr, dass ich mich für viel Geld um Kinder kümmere und hatte eine unbändige Wut auf diese anderen Kinder. Er wollte sie zerstören und erlebte mich als jemanden, der sie und ihre Dinge beschützte. Das ließ seine guten Gefühle für mich schwinden, führte zur Wut, zum Hass und zu Vernichtungsgedanken.

Ich habe Tobias nach dieser Stunde einen Brief geschrieben, in dem ich ausführlich auf unsere Auseinandersetzungen einging und seine Ängste und Befürchtungen, aber auch meine eigenen Gefühle aufgegriffen habe. In der ersten Stunde nach den Ferien, die ich voller Spannung erwartete, klingelte er Sturm, wollte aber zunächst nicht mit mir sprechen. Er entschuldigte sich schließlich damit, dass er einen schlechten Tag gehabt habe, aber gern wieder zu mir käme.

Ich will über einen zweiten Fall sprechen, in seinen Grundzügen ist er ähnlich. Allerdings sind im Heim oder in einer Klinik die Verhältnisse anders als in einer ambulanten Psychotherapie. Zum einen verteilen sich aggressive Attacken auf viele therapeutische Mitarbeiter. Zum andern sind die elterlichen Einflüsse nicht mehr wirksam, Struktur und Rahmen des Heims werden zunehmend wirkungsvoll.

Ich war acht Jahre therapeutischer Leiter eines psychotherapeutischen Kinderheimes. In den 90er Jahren wurden uns zunehmend Jungen wie der neunjährige Sven zugewiesen. Niemand konnte ihn offenbar mehr ertragen, weil er ein absoluter Störenfried war: Erst im Kindergarten, später in der Schule. Auch in der Familie war es mit ihm immer schwieriger geworden, vor allem, nachdem sein Halbschwesterchen geboren war. Sven hatte drei Probleme: Er konnte sich nicht beherrschen, er konnte nichts durchhalten Und vor allem konnte er sich nicht längere Zeit konzentrieren. Er war in ständiger Unruhe, unaufhörlich getrieben und in Bewegung.

Letzteres ist jedem aus eigener Erfahrung bekannt: Bei großer Freude, Angst, Wut gelingt es bisweilen nicht mehr, die Gefühle ausschließlich in unserem Inneren und in unserer Fantasie zu behalten. Sogar reifere Persönlichkeiten reagieren schon mal mit Auf- und Abgehen, Händeklatschen, zitternden Beinen, Nägelkauen und anderen Auffälligkeiten. Das geschieht allerdings erst, wenn wir an unsere Gefühlsgrenzen stoßen und – bildlich gesprochen – das Fass mit unseren Gefühlen überläuft.

Bei Sven war das jedoch ein Dauerzustand. Er war aber nicht nur unruhig und unkonzentriert. Er wollte ständig der King sein und setzte andere Kinder herab, kränkte sie oder machte ihre Sachen kaputt. Darum fand er keine Freunde. Zunehmend erfuhr er wegen seines Verhaltens Ablehnung und war bald zum Außenseiter geworden. Außerdem litt der Junge an chronischen Kopfschmerzen und hatte Schwierigkeiten mit dem Essen; häufig hatte er keinen Appetit, es war ihm übel, und er musste erbrechen.

Erhebliche Schwierigkeiten hatte es bereits im ersten Lebensjahr gegeben. Schon in seinen ersten Lebensmonaten war Sven sehr unruhig gewesen, hatte viel geschrien und selten durchgeschlafen.

Aus heutiger Sicht hatte er offenbar an Regulationsstörungen gelitten. Regulationsstörungen sind nicht gelungene Anpassungsprozesse und Entwicklungsaufgaben, die Kinder und Eltern normalerweise gemeinsam meistern. Sie deuten auf missglückte frühe Beziehungen und Bindungsstörungen hin.

Sven lernte rasch zu laufen. Als er in den Kindergarten kam, hielt er sich nicht an die Regeln, beschimpfte und schlug die anderen Kinder. Er hatte auch keinen Respekt vor seinen Erzieherinnen, trat und beleidigte sie, oft mit den übelsten Ausdrücken. Sein Verhalten änderte sich auch nicht, als Sven in einen Kindergarten für problematische Kinder kam. Ständig rannte er umher, störte die Kinder beim Spiel, warf mit Spielsachen und gelegentlich sogar mit Stühlen, zerstörte, was andere Kinder fantasievoll aufgebaut hatten. Sven musste schließlich eine Schule für Erziehungshilfe besuchen.

Warum hat sich das alles so entwickelt? Sven war ein unerwünschtes Kind und hatte schon in seinen ersten Lebensjahren vielfältige Beziehungsabbrüche erlebt. Die Mutter war mit 17 Jahren von einem damals 21-jährigen Mann ungewollt schwanger geworden. Der Erzeuger des Kindes verließ Mutter und Kind noch während des ersten Lebensjahrs und kümmerte sich später nicht mehr um sie. Bei der Geburt war das Kind klein und untergewichtig, es trank von Anfang an schlecht, und die Mutter schilderte den kleinen Sven als dünnhäutig, schreckhaft und ängstlich. Sofort nach seiner Geburt kam Sven in vielerlei Pflegestellen. Er schrie exzessiv, manchmal so lange und heftig, bis er blau angelaufen war. Weil der Junge andererseits bedürftig wirkte, ließen die Mutter, die Großeltern und später auch der Stiefvater alles zu und setzten ihm nirgends Grenzen. Dieses überbehütende, verwöhnende Verhalten seiner Bezugspersonen blieb erhalten. Allerdings war das Motiv inzwischen ein anderes geworden. Keiner, der mit ihm zu tun hatte, traute sich, ihm etwas zu verweigern. Alle fürchteten seine heftigen Wutanfälle und sein gellendes Schreien. Denn inzwischen ertrug der Junge nicht mehr die geringsten Frustrationen. Eine ambulante Psychotherapie hatte keine ausreichenden Veränderungen erbracht, so dass Sven in unsere Einrichtung eingewiesen worden war.

Kaum war Sven im Therapiezentrum angekommen, gab es ringsum Auseinandersetzungen. Auch hier zeigte er sich absolut respektlos und wollte keine Grenzen akzeptieren. Die Erzieherinnen in dem Haus, in welchem Sven jetzt mit anderen Kindern lebte, meinten, den Jungen überall gleichzeitig wahrnehmen zu können. Er rannte durch das Zimmer, eilte die Treppe hinauf, rutschte das Geländer herunter, zwischendrin bekam ein Kind einen Fußtritt, einem Erwachsenen wurde der Stinkfinger gezeigt, alles geschah mit einer Energie und Geschwindigkeit, die fassungslos machten. Innerhalb weniger Minuten brach Sven mindestens fünf Regeln und fragte gleichzeitig mit Unschuldsmiene, warum sich denn dauernd alle so aufregten. Nach wenigen Tagen veränderte sich sein Verhalten, und Sven zeigte schlagartig eine heftige Heimwehreaktion, viel heftiger als bei anderen Kindern. Er weinte immer wieder, aß nichts, nahm nicht am Gruppengeschehen teil. Er klagte über heftige Kopfschmerzen. Mit einem Mal wirkte er klein und zerbrechlich. Die manische Unruhe hatte sich in Depression und körperliche Symptome gewandelt.

Kurz darauf setzte die Unruhe Svens von neuem mit voller Wucht ein. Er konnte sich abermals mit nichts beschäftigen, sichtlich keine beständigen Beziehungen eingehen, lief wieder nur herum und versuchte immer wieder, andere Kinder zu kränken und herabzuwürdigen. Zunehmend wirkte Sven wie ein Strudel, in den andere Kinder mit ihrem Verhalten und ihren Affekten hineingezogen wurden. Wurde der Gruppe vorgelesen, mündete alles im Chaos. Beim Basteln flogen die Materialien umher. Sven zeigte eine außergewöhnliche Dünnhäutigkeit, mit durchlässigen Grenzen zwischen sich und seiner Umwelt, und er hielt einfach nichts aus: Er konnte nicht stillsitzen, nicht aufmerken, nicht spielen, alles endete über kurz oder lang in einer hektischen Unruhe. Zudem infizierte er die anderen Kinder mit seinem unruhig-aggressiven Verhalten, indem er sie störte und ebenfalls aggressiv machte, so dass sich in der gesamten Gruppe eine extreme Unruhe ausbreitete. Er bewies somit eine ausgeprägte Fähigkeit, vorhandene Erregung in andere Menschen zu übertragen.

Zwei der häufigsten Ursachen werden sowohl bei Tobias wie auch bei Sven erkennbar. Eine früh gestörte Mutter-Sohn-Beziehung und ein fehlender Vater. Empirische Untersuchungen zeigen, dass Bewegungsunruhe und Affektdurchbrüche bei jungen überforderten Müttern am häufigsten auftreten. Aber auch dort, wo der Vater fehlt.

Die frühe Mutter-Kind Beziehung ist bedeutungsvoll für die seelische Entwicklung eines Menschen. Säuglinge zeigen ihre lustvollen und unlustvollen Gefühle, Angst, Freude, Ärger oder Traurig sein noch nicht direkt, sondern über ihr Mienenspiel, ihr Schreien und ihre Bewegungen. Hierauf reagiert die Mutter ebenfalls mit mimischen und stimmlichen Äußerungen. Mit der Zeit entwickelt der Säugling einen inneren »Denk-Raum«, kann Gefühle in sich behalten und sich in andere Menschen einfühlen. Missglückt diese so genannte Affektspiegelung, kann ein Kind seine Affekte nur schwer beherrschen und kontrollieren. Fast immer handelt es sich dabei um Jungen.

In anderen Kapiteln habe ich bereits über die Bedeutung des Vaters berichtet. Ein Vater in der Familie verhindert beim Sohn irreale Vorstellungen von männlicher Größe und Überlegenheit. Er begrenzt die aggressiven Tendenzen und Fantasien, ein Gewissen bildet sich, das künftig Regeln und Gesetze beachtet.

Die beiden Jungen haben die häufigsten sozialen Störungen mit den Symptomen Bewegungsunruhe, Aufmerksamkeitsstörungen und Störungen der Affektbewältigung. Viele Jungen fallen heutzutage mit diesen störenden Symptomen auf, ihre schulischen

Leistungen werden immer schlechter. Meist bekommen sie die Diagnose mit den vier Buchstaben, ADHS (Aufmerksamkeits-Defizit-Hyperaktivitäts-Syndrom). Sie erhalten Medikation mit Methylphenidat, besser bekannt unter dem Handelsnamen Ritalin. Mich beunruhigen diese unruhigen Jungen, denn die Mehrheit von ihnen bekommt nur Medikamente, keine Therapie. Was wird einmal aus ihnen werden?

15
»Du packst die Pistole sofort weg« – Die Ohnmacht des Therapeuten

So gut wie alle Psychotherapien beginnen am Telefon. Die meisten Kontaktaufnahmen zeigen bereits etwas von der Eigenart des jeweiligen Störungsbildes. So rief mich eines Nachmittags eine Frau an. Sie sprach breiten schwäbischen Dialekt, fragte, ob ich einmal ihren »Jonga« angucken könne. Im Schwäbischen ist ein »Jonga« eine Verkleinerung des Jungen, also des Sohns. Darum fragte ich zunächst nach dem Alter, er war 18 Jahre alt. Ich wollte direkt wissen, worum es denn gehe. Sie meinte, »das wisset wir eben au net, deswegen sollten Sie ihn halt angucken«. Ich sagte, dass ihr Sohn doch ein junger Erwachsener sei, was in der Ankündigung seiner Mutter nicht im Geringsten zu spüren war. Vielmehr hatte ich den Eindruck gewonnen, dass der »Jonga« noch in großer Abhängigkeit von ihr lebte. Selbstverständlich bestand ich darauf, dass mich ihr Sohn selbst anrufen müsse, schließlich sei er erwachsen. Der Ton der Frau wurde unterwürfig, bettelnd. Ob ich nicht eine Ausnahme machen könne, er sei gerade abwesend, und sie wolle schon mal einen Gesprächstermin vorbereiten. Ich willigte widerstrebend ein. – Wenn ein Gefühl so ambivalent ist, sollte man unbedingt darauf hören und sich auf keinen Kompromiss einlassen. Aber mein Entscheid war gefallen.

Eines Morgens stand dann der Termin mit dem jungen Mann,

von dem ich nur Vor- und Zunamen wusste, in meinem Kalender. Tatsächlich läutete er zur vereinbarten Zeit, was ich kaum für möglich gehalten hatte. Ich empfing ihn vor meinen Praxisräumen, die damals in einer sehr schönen, holzverkleideten Wohnung in einem Dachstock lagen. Es war ein Schrank von einem Mann, gekleidet wie ein Rocker, und sein erster Anblick ließ mich schon fürchten. Ich begrüßte ihn mit Namen, stellte mich vor und bat ihn, im Sessel mir gegenüber Platz zu nehmen. Geräuschvoll setzte er sich und blinzelte mich mit kleinen Augen misstrauisch an. Ein größerer Kontrast zum angekündigten »Jonga« der Mutter war kaum vorstellbar. Ich war sehr gespannt und fragte, was ich für ihn tun könne. Sein Gesicht wurde noch misstrauischer, seine Augen verschwanden fast. Das müsse ich doch wissen. Seine Mutter habe gesagt, ich hätte ihn hierher bestellt. Also sei er gekommen, denn er wolle keinen Ärger. Ich erklärte, es sei ein wenig anders gewesen. Seine Mutter habe ihn bei mir angemeldet, weil er verreist gewesen sei, und es darum nicht selbst konnte. Sie habe mich gebeten, dass wir miteinander herausfinden sollten, welche Probleme er habe. Darauf wurde sein Gesicht richtig böse, und er bellte mich an: »Ich habe keine Probleme, mir geht es gut!« Ich meinte besänftigend, ich kenne ihn ja nicht, aber er könnte mir ein wenig von sich erzählen. Immerhin würde sich seine Mutter um ihn sorgen, das sollten wir ernst nehmen. Vielleicht könnte ich dann dazu beitragen, dass sie beide in diesem Punkt wieder einig seien.

Ich hatte es kaum erwartet, aber Harry beruhigte sich ein wenig und begann zu erzählen. Wie ich vermutet hatte, lebte er mit seiner Mutter allein. »Mei Alter ist abgehaut, da war ich vier.« Es entwickelte sich ein Bild, wie ich es von vielen Jungen kannte, die vaterlos aufgewachsen waren. Harry versuchte sich während des Gesprächs übertrieben großartig darzustellen: Er musste seine Männlichkeit immerzu, wahrscheinlich nicht nur mit Worten, sondern auch in Taten überbetonen, fachlich wird das »hyperphallisch« genannt. Er beschrieb eine Jugend zwischen überheblicher

Grandiosität und Orientierungslosigkeit. Er begann, Schule zu schwänzen, schaffte den Hauptschulabschluss nicht und brach alle Ausbildungsversuche ab. Er lebte weiterhin mit seiner Mutter zusammen, ich vermutete, dass er ihr inzwischen auch Geld abpresste. Mit seinen angeberischen Worten suchte mich Harry zu beeindrucken. Ich nahm aber vor allem einen schwachen Jungen wahr, der sich mit keiner »normalen« Männlichkeit hatte identifizieren können, sondern fantastische Vorstellungen davon hatte, was männlich ist. Natürlich war mir klar, was die überforderte Mutter damit gemeint hatte, dass ich ihren Sohn »ansehen« solle. Aber wie konnte ich Harry verdeutlichen, was er selbst nicht fühlen und begreifen konnte?

Ich fragte ihn also, ob er sich vorstellen könne, wie es weitergehen würde. Unvermittelt kippte die Stimmung, Harry wurde wieder misstrauisch und blinzelte mich mit kleinen Augen an. Was ich damit meinen würde. Ob ich jetzt endlich zur Sache käme. Ein wenig verwirrt antwortete ich, dass ich nicht verstünde, was er damit meinte. Ich spürte aber, dass in meinem Gegenüber kalte Wut anwuchs. Jetzt sah ich wieder den mir körperlich überlegenen Mann, seine grenzenlose Wut und fürchtete einen Durchbruch von Gewalt. Ich versuchte ein wenig abzulenken, indem ich fragte, wohin er denn verreist gewesen war, als ihn die Mutter hier angemeldet hatte. Jetzt explodierte Harry regelrecht und schrie los. Von jetzt an duzte er mich: »Du weißt doch ganz genau, dass ich in der Klapse war. Niemand bringt mich nochmal dorthin, Du auch nicht!« Dann klopfte er auf seine linke Brusttasche. »Weißt Du, was ich da habe? Eine Knarre!« Er zog eine Pistole heraus und richtete sie auf mich. Ich habe die Schusswaffe auch heute noch glasklar vor Augen. Inzwischen weiß ich, dass es eine Handfeuerwaffe der Firma Walther war. Damals wusste ich nicht genau, ob sie entsichert war, ging aber davon aus. Ich sah, wie sich der Zeigefinger am Abzug krümmte. Angst durchschoss mich wie ein Blitz. Würde mich der Bursche erschießen? Die Angst fühlte ich seltsamerweise nur kurz, dann erfasste mich eine unbändige Wut. Wut auf die Frau, die mir ihren flegelhaften Sohn geschickt hatte, ohne mich vor ihm zu warnen. Wut vor allem auf diesen unverschämten, respektlosen Kerl, der es wagte, mich zu beschimpfen und zu bedrohen. Die Wut brannte heiß in mir, grenzenlos und überdeckte meine Angst vollkommen. Alles, was ich bislang geschildert habe, dauerte nur Bruchteile von Sekunden. So laut ich konnte, schrie ich den Kerl an: »Du packst das Ding sofort weg!«

Dabei überlegte ich nicht, in welche Gefahr ich mich womöglich begab, sondern suchte mich aus meiner hilflosen Situation zu befreien. Noch einmal schrie ich: »Sofort«! Tatsächlich steckte Harry die Pistole in seine Jackentasche zurück, wirkte mit einem Mal wie ein kleiner Junge, der bei einer Untat entdeckt worden war. Er schwieg eine Weile, dann sagte er kleinlaut, dass er doch so große Angst habe, nochmals in die Klapse zu kommen. Ich schwieg ebenfalls eine Weile. Dann sagte ich, dass ich nie vorgehabt habe, ihn in eine Psychiatrische Klinik einzuweisen. Ich habe ihn doch gar nicht gekannt, auch nichts von seinem vorherigen Aufenthalt gewusst. Vielmehr habe mich seine Mutter gebeten, gemeinsam mit ihm herauszufinden, welche Schwierigkeiten er habe. Dazu schwieg Harry. Ich fühlte mich mittlerweile wieder recht sicher und meinte, dass ich allen Grund hätte, ihn bei der Polizei anzuzeigen, schon wegen unerlaubten Waffenbesitzes. Ich würde davon absehen, wenn er mir verspräche, die Waffen wieder zurückzugeben. Ich müsse es aber unbedingt seiner Mutter sagen, dazu sei ich verpflichtet. Das war ganz schön keck, denn ich wusste nicht, ob meine Aussagen bei ihm nicht einen neuen Wutanfall auslösen würden. Das hatte mich auch dazu bewegt, die Pistole nicht einzufordern, soweit zu gehen traute ich mich nicht. Harry nickte zu meinen Aufträgen, die Pistole hatte er wohl von einem Kumpel geliehen.

Ich habe die Szene mit der Pistole in späteren Jahren immer wieder überdacht und mich gefragt, warum ich spontan so entschieden gehandelt und alle Angst verleugnet hatte. In meiner Gegenübertragung hatte ich wie ein Vater empfunden. Unvermittelt hatte ich das Gefühl gehabt, der Regellosigkeit und den Gesetzesbrüchen ein Ende setzen zu müssen. Das hatte mich so energisch werden lassen. Schon Platon hat festgestellt, dass Jungen schwierig werden können, wenn sie nicht angemessen erzogen und begrenzt werden. Harry war vaterlos aufgewachsen und hatte wahrscheinlich eine nachgiebige, verwöhnende Mutter. Ein Vater in der Familie verhindert zum einen irreale Vorstellungen von männlicher Größe und Überlegenheit. Er begrenzt zum anderen die aggressiven Tendenzen und Fantasien von Söhnen; ein Gewissen bildet sich, das Regeln und Gesetze beachtet. Erfährt ein Junge keinen seelisch zugewandten Vater, kann er grandiose Vorstellungen von Männlichkeit entwickeln – er kann machohaft und dissozial werden, wie Harry.

Ich habe Harry gefragt, ob er sich eine ambulante Therapie vorstellen könne. Wie erwartet, verneinte er wütend, ich spürte, wie er wieder bockig wurde und seine Niederlage möglicherweise bedauerte. Ich glaube nicht, dass ich nach diesem Vorfall noch hätte unbefangen mit ihm zusammenarbeiten können. Ich lud seine Mutter zu einem Gespräch, wie vermutet war sie ein unsicheres Mütterchen, das jetzt von einem gewalttätigen, dissozialen Sohn tyrannisiert wurde. In ihrer Hilflosigkeit hatte sie ihn in eine psychiatrische Klinik einweisen lassen. Diese hatte eine Trennung und seinen Aufenthalt in einer Wohngruppe empfohlen, was ich ebenfalls befürwortete. Ich sagte ihr, dass sie die Vorschläge der Klinik nach Möglichkeit umsetzen sollte. Ich erzählte ihr auch vom Waffenbesitz des Sohnes. Zu meiner Überraschung wusste sie davon, er hatte ihr die Waffe stolz gezeigt. Sie hatte nichts dagegen eingewendet, wahrscheinlich hatte sie längst aufgegeben, bei ihrem Sohn noch etwas durchsetzen zu wollen. Als niedergelassener Psychotherapeut stand ich auf verlorenem Posten, ich hatte das Gefühl, hier nichts mehr tun zu können. Andere väterliche Institutionen mussten der armen Frau beistehen, Jugendbehörden und psychiatrische Einrichtungen. Ich weiß nicht, ob es zu einer Veränderung der schwierigen Situation gekommen ist.

16

Gestank und Ekel

Manche Symptome sorgen bei Kindern für Spott und Ablehnung. Es sind vor allem vokale und motorische Tics, Stottern und speziell das Einkoten. Unter Tics versteht man eine kurze und unwillkürliche motorische Anspannung einzelner Muskeln oder Muskelgruppen. Diese äußern sich als Zuckungen oder als unwillkürliches Äußern von Lauten und Geräuschen. Diese Störungen kommen häufiger bei Jungen vor. Leidet einmal ein Mädchen unter einem dieser Symptome, so ist das doppelt schlimm.

Während meiner Zeit im Psychotherapeutischen Kinderheim rief ein Psychologieprofessor an. Er kannte mich, ich hatte an seinem Lehrstuhl einen Vortrag über aggressive Kinder gehalten. In der Ambulanz seiner Abteilung wurden Kinder mit Verhaltenstherapie behandelt. Er fragte an, ob wir ein Mädchen von etwa 12 Jahren aufnehmen könnten. Das Mädchen, mit Namen Friederike, kote ein, vor allem tagsüber, wie bei Einkoten üblich. Immer wieder sei Friederike deswegen behandelt worden, bislang erfolglos.

Kennzeichnend für das Einkoten ist, dass das Symptom bei anderen Menschen Abscheu und heftige Ablehnung auslöst, so dass ein Verständnis für dahinterliegende seelische Prozesse oft verlorengeht. Das Mädchen habe kaum mehr soziale Kontakte und leide sehr darunter, wie auch unter dem Spott von Mitschülerinnen und Mitschülern. Wir entschieden, das Mädchen aufzunehmen. Die Not war groß, das Mädchen aber mit seinen zwölf Jahren schon relativ alt für unsere Einrichtung. Auch wenn die Prognose nach all den Vorbehandlungen nicht günstig erschien, wollten wir es versuchen.

Ich führte mit beiden Eltern ein Gespräch, während Friederike, begleitet von der Erziehungsleiterin, das Heim besichtigte. Der Vater war ein biederer Handwerker, von dem ich annahm, dass er einen abendlichen Trunk nicht verachtete. Die Mutter war eine etwas korpulente, gutmütig wirkende Frau, die es spürbar allen recht machen wollte. Viele Therapien waren versucht worden, um Friederike von ihrem belastenden Symptom zu befreien. Dabei hätten sie schon früh, mit Beginn des zweiten Lebensjahrs, versucht, dass das Mädchen sauber würde. Innerhalb der Psychoanalyse wird angenommen, dass ein zu früh einsetzender Zwang die Entwicklung zur Selbstkontrolle eher behindern kann. Wir können davon ausgehen, dass sich Kinder durch äußere Anwendungen irgendwann gedemütigt und ausgeliefert fühlen und sich schließlich unterwerfen. Einkotende Kinder haben durchweg Schwierigkeiten, Aggressionen zu zeigen. So erlebte ich auch Friederike, als sie mit der Erziehungsleiterin vom Rundgang zurückkehrte. Gekleidet war sie wie ein graues Mäuschen. Sie wirkte schüchtern, beinahe ängstlich, zurückhaltend. Auf meine Fragen antwortete sie lediglich mit einem kurzen »Ja« oder »Nein«, ein lebendiges Gespräch kam nicht zustande.

Die Aufnahme von Friederike fand am Faschingswochenende statt. Am Abend des Rosenmontags war traditionell Kinderfasching bei uns. Darauf freuten sich alle Kinder, denn sie durften sich verkleiden, und es gab Gutes zu essen und zu trinken. Ich war Therapeutischer Leiter, dennoch habe ich für diesen Abend meine Abstinenz aufgegeben und mich als Räuber Hotzenplotz verkleidet. In einem Heim muss man mit Neutralität und Abstinenz anders umgehen als innerhalb einer ambulanten Psychotherapie, denn man teilt dort auch den Alltag mit den Kindern. Also trug ich verlotterte Kleidung, eine rothaarige Perücke und war grell geschminkt. Heiko, ein zehnjähriger Junge, versehen mit der Schubladen-Diagnose ADHS, hatte mich zum Tanz aufgefordert. »Hans, gleich kommt der Zillertaler Hochzeitsmarsch. Tanzt Du mit mir?« Ich meinte zu ihm, dass es doch so viele nette Mädchen gäbe, mit denen er tanzen könne. Empört antwortete Heiko: »Ich tanz doch net mit Weiber!« Also fassten wir uns an den Händen und tobten zum Rhythmus der Musik über die Fläche des Festsaales. Plötzlich zwickte mich jemand in den Rücken. Als ich mich umdrehte, sah ich Friederike, verkleidet als tapsiger Clown. Zwischen all den Feen, Prinzessinnen und süßen Katzengesichtern fiel sie durch ihre Kostümierung auf. In dieser Rolle konnte sie ein wenig übergriffig, ein bisschen aggressiv sein. Tatsächlich schubste sie mich jetzt leicht. Dabei kam sie mir näher und ich nahm ihren entsetzlichen Gestank wahr. Es fiel mir schwer, ihre Nähe zu ertragen, aber ich ließ mir nichts anmerken. Mir wurde in diesem Moment deutlich, dass Gestank Ekel auslöst, der wiederum Distanz entstehen lässt. Warum wohl inszenierte ihr Unbewusstes, dass Menschen bei ihr auf Distanz gingen? Jedem Menschen wohnt primär ein Bedürfnis nach Nähe inne. Aus vielen Supervisionen von Therapien einkotender Kinder war mir die Reaktion bekannt: Alle Therapeutinnen und Therapeuten hatten Probleme, den Gestank auszuhalten und ihre Patienten ohne Vorbehalte anzunehmen.

Friederike bekam ein Einzelzimmer. Sie war mit ihren zwölf Jahren die älteste ihrer Gruppe. Dann wurde besprochen, wie sie mit dem Einkoten umgehen solle. Nach allen Mahlzeiten sei Toilettengang angesagt. Ihre verschmutzte Wäsche und Kleidung müsste sie – wie im Haus üblich – zur Schmutzwäsche bringen. Sofort nach einem Missgeschick würde ein Wechsel der Kleidung notwendig. Alles müsste sie im Wesentlichen selbstständig tun. Falls sie Hilfe benötigte, könne sie sich an eine Erzieherin wenden. Doch das war der Ausnahmefall. Sowohl das Einzelzimmer wie auch das selbstständige Handeln waren Teil des Behandlungsplans: Zum einen würde Friederikes Autonomie gestärkt. Anders als offensichtlich zu Hause sollte sie für ihren Körper und dessen Funktionen allein zuständig werden. Das zweite Behandlungsziel war, dass bei dem Mädchen, das inzwischen in der Präadoleszenz war, ein Gefühl für Intimität entstünde. Den Erzieherinnen war aufgefallen, dass Friederike mit ihrem Körper, mit Nacktheit und mit Intimpflege völlig schamlos umging. Sie hatte nicht gelernt, was Scham ist.

Scham entsteht etwa im zweiten Lebensjahr, wenn ein Kind Getrenntheit wahrnehmen kann und sich selbst als unabhängiges Wesen begreift. Bei Friederike hatten die äußeren Versorgungen ihrer Ausscheidungsfunktionen viel zu lange angedauert, so dass sich keine Scham entwickelt hatte. Vielmehr geriet das Mädchen in eine passive Haltung und fühlte sich für ihre Ausscheidungsfunktionen nicht ausreichend zuständig. Nach einigen Wochen zeigten sich erste Erfolge. Strahlend berichtete ihre Erzieherin im Team, dass Friederike in einer Woche zweimal sauber geblieben sei.

Wir waren höchst erfreut. Ich war skeptisch gewesen, dass es uns gelingen könnte, bei dieser dauerhaften Symptomatik noch Veränderung zu erreichen. Der Körper hatte sich mit dem Symptom arrangiert, so wie die Außenwelt. Am schönsten war Friederikes Reaktion darauf. Sie schien aus ihrer Lethargie erwacht zu sein, freute sich riesig, und alle in der Gruppe freuten sich mit. Zu einem weiteren Fortschritt kam es, als Friederike darum bat, dass in der Gruppe nicht mehr über ihr Einkoten gesprochen werden sollte. Sie hatte entdeckt, dass es intime Angelegenheiten gibt, die wir vor den Augen anderer schützen wollen.

Die Fortschritte dauerten an. Es kam zu immer längeren Pausen zwischen Friederikes Einkoten. Nach zehn Wochen ihres Aufenthaltes im Heim war das Mädchen langfristig sauber. Wir rätselten, was zur raschen Auflösung der Symptomatik geführt hatte, denn in vorherigen Verhaltenstherapien war Ähnliches gemacht worden: Nach dem Frühstück, Mittagessen und Abendessen musste Friederike entspannt auf der Toilette sitzen. Klingelte nach zehn

Minuten der Wecker, musste sie die Toilette verlassen. In einem Kalender wurde erfasst, wann es zur Ausscheidung gekommen war. Zusätzlich wurde eventuelles Einkoten vermerkt. Für ihre Kooperation hatte Friederike nach jedem Toilettenbesuch eine kleine Belohnung erhalten.

Ich sah dennoch zwei Unterschiede. Wir hatten intensiv am Schamgefühl des Mädchens gearbeitet und am Fortschritt ihrer Autonomie. Der größte Unterschied war, dass die Eltern keinen Einfluss nehmen konnten, denn wir hatten ihre Besuche untersagt. Eltern können einen hilfreichen Einfluss ausüben, aber in manchen Fällen auch einen krank machenden, mit der Folge, dass jeglicher therapeutischer Fortschritt zunichte gemacht wird. Kinder leben nicht selten die Problematik ihrer Eltern aus und werden zu Symptomträgern. Als ich begann, im Heim zu arbeiten, war ich von der Beobachtung fasziniert, dass es allein schon dann Rückfälle gab, wenn Eltern zu Besuch kamen. Ein unheimlicher Sog konnte entstehen, so dass ein Kind alles Erlernte aufgab. Ich ahnte zwar, dass es am Einfluss der Eltern liegen musste, hatte aber keine konkrete Vorstellung davon.

Das erste Besuchswochenende stand bevor. Friederike freute sich ungemein darauf. Sie hatte ihren Eltern von ihren Erfolgen berichtet, und diese waren natürlich überglücklich. Ich war gespannt auf unser Gespräch.

Ich berichtete den Eltern über den Verlauf von Friederikes Fortschritten. Dann fragte ich sie, was sie dazu meinten. Zu meiner Überraschung legte der Vater los und brüllte: »Das waren doch alles Kurpfuscher. Wie kommt es, dass Friederike sich hier nach kurzer Zeit verändert. Anzeigen sollte man sie.« Mit diesem Maß an Aggressivität hatte ich nicht gerechnet, vor allem in einer Situation, in der sich alle freuten. Ich ermahnte ihn zur Zurückhaltung und meinte, dass ich auch nicht genau wisse, woher Friederikes Fortschritte rührten: »Ich möchte das mit Ihnen verstehen. Wir haben hier dasselbe getan, wie es Ihnen auch in der Klinik geraten worden war. Friederike sollte alles selbst verrichten, vom Toilettengang über das Wechseln der Kleidung bis zur Intimpflege. So haben wir das hier auch gemacht!« An dieser Stelle schaute die Mutter den Vater von der Seite an und sagte: »Nicht ganz«. Der Vater errötete ein wenig, und die Mutter fuhr fort: »Mein Mann ist davon ausgegangen, dass sich Friederike nicht ordentlich reinigen würde. Darum hat er sie mehrfach am Tag nackt geduscht!« Ich spürte sofort, dass die Mutter das als nicht korrekt erlebt hatte, doch hatte sie sich nicht getraut, sich gegen den aggressiven Mann durchzusetzen. Ich war mir nicht sicher, ob er seine pädophilen, inzestuösen Handlungen als solche erkannte. Ich sagte, so ernst ich konnte: »Das dürfen Sie bei dem bereits jugendlichen Mädchen nie mehr tun. Jeder Rückfall von Friederike würde darauf zurückgeführt werden!« Ich sah, wie der Mann erschrak. Ein wenig war ihm wohl bewusst gewesen, dass er etwas falsch gemacht hatte.

Ich erkannte, dass die Eltern, vornehmlich der Vater, mit ihren pflegerischen Leistungen verhindert hatten, dass sich bei Friederike von klein auf Schamgefühle und autonome Schritte betreffs des Körpers entwickeln konnten. Das Mädchen ließ *bewusst* alles passiv über sich ergehen. Das Einkoten war eine aus dem *Unbewussten* gesteuerte Aggression, um sich den Vater vom Leibe zu halten. Ich erinnerte die Szene beim Fasching, wo mich der Geruch hatte auf Distanz gehen lassen.

Die Sommerferien verbrachte Friederike bei ihren Eltern, es ist zu keinem Rückfall gekommen. Der Vater hatte es unterlassen, Friederike zu reinigen, ich denke, er hatte meinen Ernst gespürt. Friederike hat uns mit 15 Jahren nochmals besucht. Sie war ein flotter Teenager geworden.

17

Ein Vater erpresst den Therapeuten

Während einer Kinderpsychotherapie wird nicht nur das Kind behandelt, es muss auch mit den Eltern psychotherapeutisch gearbeitet werden. Die elterlichen Beziehungen und Konflikte beeinflussen von der Schwangerschaft an die Entwicklung ihres Kindes. Störungsbereiche der Eltern, die das seelische Wachstum des Kindes hemmen, müssen darum in einer Psychotherapie verändert, am besten aufgelöst werden. Sind diese Einflüsse so krankmachend, dass die Prognose für eine ambulante Therapie nicht mehr ausreichend günstig ist, sollten die Kinder zur Therapie in einer Wohngruppe oder in einem therapeutischen Heim untergebracht werden.

Auch dort wird mit den Eltern therapeutisch gearbeitet. Während meiner Tätigkeit im psychotherapeutischen Kinderheim war es meine Aufgabe, therapeutische Gespräche mit allen Eltern zu führen. Etwa achtzig Prozent der Eltern der Heimkinder lebten getrennt. Ein erstes Behandlungsziel bei getrennt lebenden Eltern ist daher, wieder eine »therapeutische Allianz« herbeizuführen: Den Eltern sollte es wenigstens teilweise gelingen, eine gemeinsame Verantwortung für eine optimale Entwicklung ihres Kindes zu übernehmen.

Diese Arbeit war in der Regel außerordentlich schwer. Viele Eltern hatten ihr Kind völlig aus den Augen verloren. Nicht selten hatten zahllose Verletzungen bei beiden Partnern Hass und hemmungslose Wut hinterlassen. Oft herrschte nur der Wunsch vor, dem anderen Elternteil wehtun zu wollen. Fürchterliche Kämpfe fanden statt, oft darüber, bei welchem Elternteil das Kind verbleiben sollte. Ein weiterer Umstand erschwerte eine erfolgreiche psychotherapeutische Arbeit mit den Eltern. Ein Familienrichter muss über den endgültigen Verbleib des Kindes befinden und entscheiden. Zu diesem Zweck muss er vom Therapeuten über die Entwicklung des Kindes und über seine Beziehungen zu den Eltern informiert werden. Das ist letztendlich eine therapeutische Unmöglichkeit, weil es die Neutralität des Therapeuten und seine Schweigepflicht in Frage stellt. Und weil die Eltern darum wussten, schafften es viele nicht, sich vertrauensvoll in eine Therapie einzulassen.

Dies galt in hohem Maß für Herrn E. Er wollte mir gefallen und unterwarf sich nahezu allem. Seine erste Frau, die Mutter eines gemeinsamen Kindes, hatte ihn wegen eines anderen Mannes verlassen. Da er sie sehr geliebt hatte, bedeutete das eine schwere Verletzung. Um sie eifersüchtig zu machen, heiratete er Hals über Kopf eine alleinerziehende Mutter mit zwei Söhnen, eine gar nicht so seltene Reaktion. Sie bekamen ein gemeinsames Kind, Julian. Wenig später kam es zu massiven Streitereien. Als Julian sieben Jahre alt war, trennten sich die Eltern im Streit. Herr E. zog wieder bei seinen Eltern ein. Wegen seiner Unruhe und Unaufmerksamkeit war Julian nur schwer beschulbar und kam mit acht Jahren zu uns ins Heim. Der Auftrag des Jugendamtes an uns war es unter anderem, die Eltern nach Möglichkeit zu befrieden und mit darüber zu entscheiden, wo Julian künftig leben sollte.

Geschiedene Eltern kamen stets einzeln zu den Besuchswochenenden und Gesprächen. Wie erwähnt, erlebte ich bei Herrn E. kaum den Wunsch nach einem offenen Austausch, sondern eine Unterwürfigkeit, die fast peinlich anmutete und nicht hilfreich war. Ein Besuchswochenende stand an, und ich nahm mir vor, den

Vater mit seinem überangepassten Verhalten zu konfrontieren. Doch als Herr E. an diesem Freitagabend zum Gespräch kam, wirkte er anders. Ich spürte einen leisen Triumph und war gespannt auf den Gesprächsverlauf. Herr E. begann zu erzählen, dass sich Julian sehr über seinen Besuch gefreut habe und ihn gefragt habe, wie lange er noch im Heim bleiben müsse, wann er endlich ganz zu ihm dürfe. Danach machte Herr E. eine Pause und sagte: »Sie wissen doch, dass Julian eine sehr enge Beziehung zu mir hat. Er hat sich so sehr über den Fotoapparat gefreut, den ich ihm geschenkt habe. Er hat mir auch den Film mit seinen ersten Bildern gegeben, ich habe ihn sofort entwickeln lassen.« Wieder eine Pause, die Herr E. genussvoll auskostete. »Dann schauen Sie sich mal die ersten Bilder an« und legte mir acht Fotos vor.

Zu meiner Überraschung sah ich Julian mit vier Kindern aus seiner Gruppe nackt posieren. Es waren drei Jungen und zwei Mädchen, die dem Betrachter ihre Gesäße oder Genitalien entgegenstreckten, erkennbar voller Ausgelassenheit und Übermut. Offensichtlich hatten sie eine Gelegenheit gefunden, dies ungestört zu tun. In allen Gesichtern sah man diebische Lust, fast glaubte man hysterisches Geschrei zu hören. Es waren Bilder voller Unschuld, denn obszön ist nur der Blick von Erwachsenen darauf. Ich sagte Herrn E., dass ich überrascht sei und klären würde, wie diese Fotos hatte zustande kommen können. Er lächelte, der Triumph in seinem Gesicht bekam hämische Züge: »Das möchte ich tatsächlich wissen, wie die Bilder entstanden sind. Schließlich ist es eine grobe Verletzung der Aufsicht.« Ihm sei es wichtig zu wissen, ob sein Sohn bei uns ausreichend geschützt werde. Wieder längeres Schweigen. Dann meinte Herr E., ungewohnt arrogant, er könne sich durchaus vorstellen, dass sich Zeitungen dafür interessieren könnten, was bei uns im Heim alles möglich sei. Ich fragte ihn direkt: »Warum wollen Sie das tun? Ich spüre bei Ihnen Misstrauen, ob Julian bei uns angemessen versorgt und geschützt wird.« »Das ist es nicht«, antwortete Herr E., »aber bislang haben Sie mich nicht ausreichend dabei unterstützt, dass Julian einmal bei mir leben wird. Sie stehen doch ganz auf Seiten der Mutter. Wenn Sie sich eindeutig für mich entscheiden und dem Familiengericht entsprechende Nachricht geben, überlege ich mir das mit der Zeitung«. Jetzt musste ich doch schlucken, das war ein übler Erpressungsversuch. Ich schwieg zunächst, sagte dann, dass wir ja während des Besuches noch Gelegenheiten zum Gespräch hätten. Ich müsse zunächst alles überdenken, denn ich könnte sowieso nichts allein entscheiden.

An jenem Abend konnte ich nicht einschlafen und grübelte, wie ich dieses Dilemma so auflösen könnte, dass das Kindeswohl bestmöglich im Vordergrund stand. Ich habe während meines gesamten Therapeutenlebens Schlafstörungen gefürchtet. Nichts beeinträchtigt die täglich erforderliche gleichschwebende therapeutische Aufmerksamkeit so sehr wie Müdigkeitsreaktionen des Therapeuten – jeder Psychoanalytiker hat wohl schon Stunden voller Ermattung, knapp vor dem Einschlafen, erlebt. Sollte ich auf das Angebot von Herrn E. eingehen, um den Ruf unseres Heimes zu schützen? Mir war klar, dass danach weitere Erpressungen stattfinden konnten. Ich beschloss, nicht jetzt über Lösungsversuche nachzudenken, sondern am nächsten Tag, wie üblich, das Gespräch zu führen.

Herr E. und ich trafen uns am Sonntagabend vor seiner Abreise. Ich erlebte ihn in einem Maße herablassend und siegessicher, dass es nur schwer auszuhalten war. Seine bisherige Kriecherei hatte sich ins Gegenteil gewandelt, den vermeintlich allgewaltigen Heimleiter hatte er scheinbar in seiner Hand. Ich spürte Wut, dennoch tat mir der Mann vor allem leid, weil die gesamte Szene eigentlich nicht zu ihm passte. Ich begann unser Gespräch mit der Feststellung, dass ich wenig über ihn wisse. Wenn ich ihn unterstützen sollte, müsste ich auch von seiner Vergangenheit und Kindheit hören. Herr E. stutzte, eigentlich hatte er ein ängstliches und unsicheres Gegenüber erwartet, das ihn um Nachsicht anbettelte. Eine Weile schwieg er. Dann war es, als würden sich Schleusen öffnen. Herr E. erzählte von seinen Eltern und seinen drei Geschwistern. Zeitlebens habe ihn der Vater entwertet und gedemütigt. Er habe ihn als einen Versager bezeichnet. Sowohl in seinem Beruf als auch später als Ehemann und Vater. Nie habe er vom Vater ein anerkennendes Wort gehört. Er habe sich so sehr danach gesehnt. Denn diesen strengen Vater liebte er dennoch.

Mir war klar, dass ich als Therapeutischer Leiter in die Rolle des verurteilenden Vaters geraten war. Darum hatte sich Herr E. immer unterwürfig verhalten. Darum lebte er jetzt so lustvoll aus, dass er mich in seinen Händen wusste. Nach den emotionalen Bekenntnissen von Herrn E. schwieg ich eine Weile. Dann meinte ich: »Julian fühlt sich wohl bei uns. Er genießt es, in der Gruppe mit den anderen Kindern versorgt zu werden. Er genießt es, keine streitenden Eltern um sich zu haben. Das gleiche gilt auch für uns beide. Ich dachte, Sie würden mir vertrauen. Ich bin davon überzeugt, dass alle Kinder ihren Vater brauchen, Söhne besonders für ihre Identifizierung mit Männlichkeit. Ich will, dass Julian die bestmögliche Beziehung zu Ihnen entwickelt. Wir werden auch im Einverständnis aller herausfinden, wo Julian seinen Lebensmittelpunkt haben wird. Vielleicht wird es das Wechselmodell werden, hälftig bei beiden Eltern«.

Herr E. meinte, er glaube schon, dass es für Julian erforderlich sei, noch längere Zeit in unserem Heim zu leben. Das würde er auch weiterhin unterstützen. Aber nur, wenn ich mich für ihn einsetzen würde, ansonsten ginge er zur Zeitung. Ich antwortete direkt, jetzt sehr bestimmt. Wenn ich seinen Wünschen nachgäbe und mich unterwerfen würde, wäre eine vertrauensvolle therapeutische Zusammenarbeit nicht mehr möglich. Dann müssten wir Julian entlassen, und ich würde, ja ich müsste dem Familiengericht vom Erpressungsversuch seines Vaters berichten. Unabhängig davon, ob er die Bilder wirklich zu einer Zeitung brächte.

Ich sah, wie Herr E. erschrak. Damit hatte er nicht gerechnet. Innerhalb von Sekunden wurde er wieder zum kleinen Jungen, der

Angst vor väterlichen Autoritäten hatte. Ich spürte, dass er mir leidtat und wollte ihn rasch von seinen Ängsten befreien. Ich sagte, ich hätte mir eine akzeptable Lösung überlegt. Julian stünde absolut im Mittelpunkt, er brauche den Aufenthalt bei uns dringend, und das sollte unter allen Umständen so bleiben. Ich würde mich darum kümmern, wie es geschehen konnte, dass sich die Kinder nackt fotografiert hatten. Das dürfe natürlich nie mehr geschehen. Ich verlangte von Herrn E., dass die Filme im Kaminfeuer, das mein Sprechzimmer wärmte, verbrannt würden, damit niemand diese Aufnahmen je missbrauchen könnte. Die Abzüge müsse er mir ebenfalls aushändigen. Ich wollte sie den verantwortlichen Erzieherinnen zeigen, um sie zu mehr Aufmerksamkeit zu ermahnen und sie dann ebenfalls vernichten.

Ich spürte, wie sehr mir Herr E. für das Angebot dankbar war. Die Rolle des Täters war ihm im Grunde unerträglich. Folgsam warf er die Filme ins Feuer, die dort zischend verbrannten. Beim Abschied blickte er mir dankbar in die Augen. Das Gespräch, das ich hier in wenigen Zeilen wiedergegeben habe, hatte übrigens mehr als zwei Stunden gedauert.

Ich brachte die Bilder in mein Büro und legte sie auf meinen Schreibtisch. Nach einem langen sonntäglichen Arbeitstag legte ich mich zum Schlafen. Zufrieden mit dem Gespräch, das eine gute Wende genommen hatte, schlief ich beruhigt ein. Aber nachts wachte ich erschreckt auf! Mir fiel ein, dass Montag früh die Raumpflegerin in meinem Büro arbeiten würde. Was, wenn sie die Bilder der nackten Kinder fände? Ich zog mir also einen Bademantel über die Nachtkleidung und ging um zwei Uhr nachts in mein Büro, das in einem Nebenhaus untergebracht war. Dort zerstückelte ich die Bilder in kleinste Fetzen und warf sie in den Papierkorb. Mit den Erzieherinnen fand ein Gespräch statt. Danach erörterten sie mit den Kindern, in welche Gefahren sie sich mit solchen Bildern bringen könnten.

Julian blieb insgesamt zwei Jahre bei uns. Danach wurde tatsächlich das Wechselmodell realisiert, Julian war eine Woche bei der Mutter und eine beim Vater. Das ist nicht für jedes Kind das richtige, Julian ließ sich jedoch bereitwillig auf die steten Wechsel ein. Ein Kind wünscht sich aber auch *einen* Lebensmittelpunkt. Man muss daher gründlich beobachten, ob ein solcher Wechsel tatsächlich dem Kindswohl dient. Diese Fallsequenz macht deutlich, dass mit den Eltern hilfreiche Gespräche nur geführt werden können, wenn deren Lebensgeschichte mit allen elterlichen Beziehungen und Konflikten sorgfältig erschlossen wurde.

18

Wie ein böses Märchen – ein Blick in den Abgrund

Ein Flashback, eine Nachhallerinnerung: Ein Freund hat mir einen Pressebericht mit der Überschrift »Der Verlorene« zugesandt (Rems-Murr-Rundschau vom 2.12.2016). Ein junger Mann ist auf dem Foto zu erkennen. Er sitzt da mit leerem, depressivem Gesicht. Ich habe ihn sofort wiedererkannt, es ist Andreas, inzwischen 27 Jahre alt. Er sieht noch immer aus wie das Kind von damals, nur ist sein Gesicht mittlerweile vergreist. Vor 19 Jahren war er bei uns im Therapeutischen Heim gewesen. Spontan habe ich Assoziationen: Andreas steht vor meinem Haus im Heim. Eben ist das Essen angeliefert worden. Andreas spricht mich bettelnd an: »Hans, gibst Du mir Deinen Nachtisch?« Ich weiß, dass er direkt vom Mittagessen kommt, dennoch gebe ich ihm meinen Grießpudding mit Himbeersaft. Eine zweite Erinnerung: Ich spreche mit seinem damaligen kinderpsychiatrischen Gerichtsgutachter, mit dem ich bis heute kollegial befreundet bin. Er meint, das Schlimme sei, dass die schwersten Traumafolgen erst mit der Pubertät und im Erwachsenenalter aufträten.

Warum war Andreas in unserem Heim? Es war wohl eine der furchtbarsten Geschichten, deren Zeuge ich wurde – auch im juristischen Sinn. Der damals fünf Jahre alte Pflegebruder von Andreas war in seiner Pflegefamilie verhungert, Andreas und sein Pflegebruder Alois wären fast gestorben. Die beiden überlebenden Jungen kamen in ein Krankenhaus und danach zu uns ins Heim. Im Zeitungsbericht beschreibt Andreas den Tod des kleinen Alexanders. In jener Novembernacht 1997 hörte er, wie im Bett neben ihm Alexander »so komisch röchelt«. Die Pflegemutter kam rein und »klatschte ihm eine«, aber Alexander reagierte nicht, seine Augen waren verdreht. Blaulicht an der Decke, Sanitäter, von der Familie herbeigerufen, starten Wiederbelebungsversuche, vergeblich. Dann wurde bekannt: Die Pflegeeltern hatten ihre drei leiblichen Kinder gut behandelt und die drei aufgenommenen bei Wasser und Brot gehalten. Die Süddeutsche Zeitung schrieb: Der Notarzt fand ein lebloses Bündel Haut und Knochen mit vergreistem Gesicht, eingefallenem Bauch und fast fleischlosen Oberschenkeln (23. April 1999). Ich habe die Fotos von den Obduktionen während der Gerichtsverhandlung gesehen.

Was ist aus Andreas geworden? An seinem Gesicht ist abzulesen, wie depressiv und hoffnungslos der junge Mann ist. Die Entschädigung in Höhe von 29 394,54 € für Erlittenes ist längst aufgebraucht. Verschwand auch in den Taschen von falschen Freunden. Er würde gerne arbeiten, irgendetwas, egal, »ob ich Klo schrubben muss oder Kabel verlegen. Aber das Arbeitsamt hat gesagt, ich bin unvermittelbar«.

Wie hat sein Leben ausgesehen? Andreas ist in Oberfranken geboren: Ein trinkender Vater, eine trinkende Mutter, der Mann schlug ihr im Streit eine Flasche auf den Kopf. Das Jugendamt gab das 18 Monate alte Kleinkind in jene Pflegefamilie, die sein Elend später noch gesteigert hat. Wir können uns die Deprivationen und frühen Bindungs- und Beziehungsstörungen des Jungen vorstellen, die in der Pflegefamilie kaum aufgearbeitet worden sind. Wie erwähnt, kam er nach Alexanders Tod in unser Heim. Wir sollten die massiven körperlichen Defizite aufarbeiten. Das wichtigste Behandlungsziel war jedoch, die Bindungs- und Beziehungsstörungen des Jungen aufzuarbeiten und seine Traumata zu lindern. In jenem Zeitungsbericht erklärt Andreas, dass er in ein Heim gekommen sei und dann ins nächste ... eins, zwei drei, vier oder fünfe, sechse ... Drogen, Suizidversuch.

An dieser Stelle, so denke ich, hätte das Schicksal einen anderen Verlauf nehmen können. Aus Sicht aller Beteiligten entwickelte sich Andreas im Heim bestmöglich. Wir hätten seine Therapie gerne fortgesetzt, hätte sich nicht seine leibliche Mutter gemeldet. Sie hatte davon gehört, dass Andreas Schmerzensgeld zugesprochen werden sollte. Ich war Zeuge, als sie die Mitarbeiterin des Jugendamtes in wüstester Weise beschimpfte und sich als liebende Mutter gebärdete. Man habe ihr das Kind weggenommen, um es zu einer solchen Mörderbande zu bringen! Die Frau war völlig heruntergekommen, eine verwüstete Alkoholikerin. Ich habe sie später vor Gericht als nicht »bestmöglich erziehungsfähig« bezeichnet. Doch wir konnten uns leider nicht ausreichend durchsetzen. Das Jugendamt fühlte sich mitschuldig, so dass Andreas leider zurück zur Mutter kam, im Grunde ins alte Elend, wie es während seiner ersten 18 Lebensmonate geherrscht hatte. Ein Filmemacher hat später darüber berichtet: »Sie schleppte ihn mit in die Kneipe, geborgen saß er zwischen den Saufkumpanen, bis es beim »Mensch ärgere Dich nicht« zum Streit kam. Die Mutter nannte ihn Missgeburt: »Von mir aus kannst Du verrecken, Andreas!« Wenig später kam er wiederum in ein Heim. Ich fürchte, dass es mittlerweile festgeschrieben ist, dass Andreas an seinen Beziehungsstörungen und Traumata gescheitert ist.

Andreas und Alois, der leibliche Bruder des verstorbenen Alexander, kamen zunächst ins Krankenhaus, der dortige Chefarzt fühlte sich an »Somalia und Biafra« erinnert. Vielfältige Verfallserscheinungen waren festgestellt worden, eingesunkene Bäuche, faltige Gesäße, unterlaufene Augen, Unterkühlung und eine extreme Vergreisung der dadurch geradezu »gnomenhaft« erscheinenden Gesichter. Das totale Fehlen der Wangen- bzw. Schläfenfettpolster war ein untrügliches Zeichen dafür, dass die letzten Reserven beider Kinder angegriffen waren. Andreas, damals achteinhalb Jahre alt, war 104 Zentimeter groß und wog 11,8 Kilogramm. Das entsprach der Größe eines Dreieinhalbjährigen und gewichtsmäßig einem Eineinhalbjährigen. Alois war 101 Zentimeter klein und 10,5 Kilogramm schwer. Etwas Weiteres war dem Arzt aufgefallen, »sie waren schrecklich gut erzogen« (Rems-Murr-Rundschau). Alle drei leiblichen Kinder der Familie hatten Normalgewicht.

Ich erinnere mich genau an jenen Tag, als die beiden Buben bei uns aufgenommen wurden. Wir standen unter großem Druck, wöchentlich kamen vom Gericht beauftragte Ärzte des Gesundheitsamtes, um die beiden Jungen zu wiegen und zu vermessen. Ich war jedes Mal dabei und sah ihre ausgemergelten Körper. Die Gewichtszunahmen und das Größenwachstum erfolgten in einem schier unglaublichen Tempo.

Als sie zu uns kamen, waren beide Jungen so kraftlos, dass sie keine Treppen steigen konnten. Sie brauchten dabei die Unterstützung ihrer Erzieherinnen. Andreas meinte, ohne Hilfen den Halt zu verlieren, seine Ängste habe ich auch psychisch bewertet. Ich habe ihn rasch als einen liebenswerten Jungen kennengelernt, der so oft es ging, meine Nähe suchte. Dabei war er sehr offen und voller Vertrauen. Das verwunderte mich, denn bislang war Nähe zu Menschen für ihn eher auch gefährlich und zerstörerisch gewesen. Ich habe Empfindungen von großer Sympathie ihm gegenüber gespürt. Ich vermutete darum, dass sein Leben in der Pflegefamilie nicht nur negativ verlaufen war, und war davon überzeugt, dass er von einer Psychotherapie gut profitiert hätte. Eine vorgeburtliche Schädigung wegen des Alkoholismus der Mutter, wie sie später im Prozess erwähnt wurde, habe ich nicht feststellen können. Darum war ich traurig und entsetzt über die Lektüre des Berichtes, 19 Jahre später, der zeigte, dass Andreas nicht hatte geholfen werden können. Alois hatte mehr Glück, seine Halbschwester nahm ihn in ihre Familie auf. Von ihm habe ich nichts mehr gehört, ich hoffe, ihm ist es im späteren Leben gut gegangen.

Was war geschehen? Die Süddeutsche Zeitung schreibt am 16.12.1998, dass es bislang keinen vergleichbaren Fall in der deutschen Kriminalgeschichte gegeben habe. Unter dem Titel »Wie ein böses Märchen« fasst der Bericht die schreckliche Geschichte und das dramatische Geschehen nochmals zusammen: Drei Pflegekinder verhungern, zwei überleben, bereits an der Schwelle zum Tod. Drei leibliche Kinder der Familie haben sich völlig normal entwickelt und sind gut ernährt. Die Pflegemutter wurde als böse Hexe beschimpft, dem Ehepaar niederträchtige Geldgier unterstellt. Die Staatsanwaltschaft ging davon aus, dass die Eheleute es in bewusstem und gewolltem Zusammenwirken unterlassen hätten, ihre drei Pflegekinder ausreichend mit Nahrung und Flüssigkeit zu versorgen, weil sie das Pflegegeld in Höhe von gut tausend Mark pro Kind »für sich und ihre leiblichen Kinder verwenden wollten«.

Ich will versuchen, die Geschichte vom kurzen Leben des kleinen Alexander so objektiv wie möglich wiederzugeben. Wie konnte sich in einer relativ normalen Familie ein solcher Abgrund auftun, der schließlich alle verschlang? Welche unbewussten Dynamiken haben dazu geführt? Trotz der grauenhaften Tat hatte ich Mitleid mit den Pflegeeltern, vor allem mit deren drei leiblichen Kindern. Als die Eltern verhaftet wurden, kamen sie zunächst zur Großmutter, später in Heime. Mit einem der Kinder hatte ich Jahre später beruflich zu tun.

Die Eltern waren im gleichen Ort geboren und kamen aus gut bürgerlichem Elternhaus. Ulrike, die Pflegemutter, war als Kind häufig krank, fehlte oft in der Schule und konnte deshalb nur die Hauptschule absolvieren. Danach machte sie eine zweijährige Ausbildung zur Kinderpflegerin. Der Pflegevater, Klaus, machte nach dem Abitur eine Lehre als Heizungsbauer und verpflichtete sich danach für 12 Jahre als Zeitsoldat. Als sie heirateten, war Klaus 24, Ulrike 19 Jahre alt. Innerhalb von drei Jahren werden zwei Kinder geboren. Der Vater tut Dienst an der DDR-Grenze und wird als Oberfeldwebel entlassen. Er entschließt sich, Waldorf-Pädagogik zu studieren, die Familie zieht nach Süddeutschland. Noch am alten Wohnort hatte die Familie den eineinhalb-jährigen Andreas als Pflegekind aufgenommen.

Am neuen Wohnort bemühen sich Klaus und Ulrike um ein weiteres Pflegekind. Das Jugendamt vermittelt ein Brüderpaar. Die ältere Halbschwester der beiden hatte die Familie zweimal mit den Kindern besucht und den besten Eindruck gewonnen. Sie war von der Ruhe beeindruckt, die trotz dreier Kinder im Hause herrschte. Alois und Alexander, sagt die Halbschwester, seien damals völlig normal entwickelte Kinder gewesen, Alexander sogar »ein Pummele«. Alle erleben bis dahin eine glückliche Familie, eine Idylle. Eine Nachbarin beschreibt später vor Gericht eine liebevolle Pflegemutter, der die Kinder strahlend entgegengelaufen seien.

In der ersten Jahreshälfte muss die Idylle zerbrochen sein. Klaus scheitert mit seinem Waldorfstudium. Er ist zutiefst verbittert und schreibt an die Waldorfschule, an der seine Kinder unterrichtet werden, unflätige Briefe. Er stürzt sich in ein neues Studium, diesmal Sozialpädagogik, verbohrt sich in die Arbeit und vernachlässigt die Familie. Im Sommer 1996 wird Ulrike nochmals schwanger, und es ist klar, dass Klaus nicht der Vater sein kann. Er hat sich nach dem zweiten Kind sterilisieren lassen, weil die Ärzte Ulrike nachdrücklich vor einer neuen Schwangerschaft gewarnt hatten. Es kommt zum großen Krach. Klaus lenkt schließlich ein, er sieht die Chance für einen Neuanfang. Doch als Tim am 2. März 1997 geboren wird, kommt zum alten Stress ein neuer hinzu. Nach einem lebensbedrohlichen Atemstillstand muss das Kind an einem Monitor angeschlossen werden, der bei einem Absinken der Atemfrequenz Alarm gibt. Zehn- bis zwanzigmal piepst das Gerät in jeder Nacht, meistens Fehlalarm. Ulrike schläft fast nicht mehr, denn Klaus steht nicht auf. Er hört nichts, oder er ist zu bequem. Immer mehr zieht er sich aus der Familie zurück, sieht die Kinder nur im Vorbeigehen. Ulrike gerät an den Rand des Zusammenbruchs, lässt sich aber nichts anmerken. Sie ist von dem Gedanken besessen, alles schaffen zu müssen. Keiner soll etwas merken, die Freunde nicht, die Eltern nicht, das Jugendamt nicht. Ulrike ist eine Frau, die unter allen Umständen Anerkennung als Mutter sucht, allerdings mit den sechs Kindern völlig überfordert und vom Ehemann allein gelassen ist.

Am Abend des 27. November fragt Alexander seine Pflegemutter immer wieder nach dem Papa. Sie ruft ihren Mann, sagt, der Alex fühle sich so kalt an. Klaus kommt nach Hause, legt sich mit dem Kind ins Bett, um es zu wärmen. Alexander bittet um ein Leberwurstbrot, bekommt es, dazu Fencheltee. Kurz darauf erbricht er alles. Er bekommt Krämpfe, hört auf zu atmen. Klaus führt Mund-zu-Mund-Beatmung durch, alarmiert den Notarzt. Es ist zu spät, Alexander stirbt dem Notarzt unter den Händen. Klaus holt seine Frau, die bei den anderen Kindern sitzt. Eine Gutachterin hat den Tod des kleinen Alexander als das Crescendo einer langen Entwicklung bezeichnet.

Auf den Tag genau ein Jahr später sagt Ulrike vor der 9. Strafkammer des Landgerichts auf die Frage des Vorsitzenden Richters, wie es möglich sei, dass drei Kinder unter ihren Augen zum Skelett abmagerten: »Ich weiß nimmer, wie's zustande gekommen ist. Es verschwimmt alles, ich krieg das nicht mehr auf die Reihe.« Gibt es eine nachvollziehbare Erklärung dafür, was sich in dieser Familie zugetragen hat? Warum hat niemand sonst etwas bemerkt? Verwandte, Nachbarn, die Schule, das Jugendamt?

Im Dezember 1998 wurde ich als Zeuge vor die Strafkammer geladen. Ich hatte schon einige Male in Prozessen aussagen müssen, doch nie in einem Mordprozess. Außergewöhnlich fand ich, dass der Richter mich vorher anrief. Dies war Ausdruck seiner wertschätzenden Art, er hat mir später auch die 200 Seiten umfassende Urteilsbegründung zugesandt. Er teilte mir mit, meine Aussagen seien sehr wichtig. Ich habe ihn im Prozess als durchweg professionell erlebt, er leitete den schwierigen Prozess souverän. Dabei hatte er es mit vielen Emotionen zu tun, Missfallenskundgebungen des

Publikums, einem Verteidiger, der oft wenig sachlich blieb, den mit dem Schicksal hadernden Pflegeeltern. Sie waren von der Mordanklage völlig erschüttert worden, hatten sie doch ursprünglich lediglich mit einer Geldstrafe gerechnet.

Ich hatte die Erlaubnis bekommen, mit dem Auto anzufahren und beim Gericht zu parken. Bis dato wusste ich nicht, dass dies erst erlaubt werden muss. Meine Aussage war auf zwölf Uhr festgelegt, vorher fand eine Sitzungspause statt. Als ich das Gerichtsgebäude betrat, wurde ich von einer Horde von Fernsehteams regelrecht überfallen. Reporter mit Mikrofonen in der Hand suchten ein Interview, einer redete lauter als der andere auf mich ein. Auf keinen Fall durfte jemand erfahren, wo unser Heim lag, denn dann wären wir Tag und Nacht umlagert worden. Ich wehrte also ab und wurde zum Gerichtssaal begleitet. Dort durfte ich vorerst Platz nehmen. Der Richter kam herein und fragte, ob Dr. Hopf anwesend sei, ich bestätigte dies, und dann begann die Sitzung. Die Pflegeeltern wurden hereingeführt. Die Pflegemutter schaute mich sehr böse an, ich glaube, sie ahnte, dass meine Aussagen für sie wenig vorteilhaft werden könnten. Oft hatte sie während der bisherigen Verhandlungstage gelächelt, was viele Zuschauer in Rage gebracht hatte. Der Pflegevater hielt fast durchgängig den Kopf gesenkt und weinte.

Der Richter stellte mich als Therapeutischen Leiter des Kinderheimes vor und als ausgewiesenen Fachmann für psychische Störungen bei Kindern. Er erklärte, dass ich während meiner Aussage nicht stehen müsse und ordnete an, mir einen Stuhl zu bringen, samt Tisch für meine Unterlagen. Dann kam eine Überraschung. Der Richter bat mich, die Obduktionsbilder von Alexander anzusehen, die vor ihm lagen. Dazu fühlte ich mich angesichts des Ernstes der Situation verpflichtet und ging ans Richterpult. Die Bilder waren grauenhaft, der kleine Jungenkörper war aufgeschnitten, die inneren Organe waren zu erkennen. Sein geschwächter Körper hatte eine Lungenentzündung nicht mehr abwehren können. So hatte ich es mir zwar vorgestellt, trotzdem war ich erschüttert. Ich denke, die Absicht des Richters war, die Leiden der Kinder in den Mittelpunkt zu stellen. Meine Aussagen sollten nicht von Mitleid mit den Eltern beeinflusst werden. Der Richter forderte mich auf, über den Zustand der beiden Jungen zu berichten. Ich erzählte, dass Andreas extrem kraftlos gewesen sei. Er habe kaum gehen können und unter Angstzuständen gelitten. Inzwischen sei jedoch aus ihm ein vitaler, recht einfühlsamer Junge geworden. Mittlerweile habe er fast Normalgewicht. Der nun Neunjährige wiederhole die erste Klasse der Heimschule. Das gleiche gelte für Alois. Erkennbar würden beide unter massiven psychischen Folgen leiden und bräuchten weiterhin Therapie. Bei Alois würden die Traumatisierungen immer deutlicher, er sei depressiv und antriebsgehemmt. Das hatte auch der Gutachter des Gerichtes festgestellt. Jetzt kam die zentrale Frage des Richters. Die Pflegeeltern hatten ausgesagt, die Pflegekinder seien schwierige Esser gewesen. Oft hätten sie das Essen verweigert. Das Untergewicht sei Folge ihrer Essstörungen gewesen. Der Richter bat mich, zunächst zu erklären, was Essstörungen seien. Ich erläuterte in Kürze die Entstehung von anorektischen Entwicklungen, die in seltenen Fällen auch schon bei Kindern auftreten können. Weder bei Andreas noch bei Alois sei es allerdings in unserer Einrichtung zur Verweigerungen von Essen gekommen, ich könne bei beiden keine Anorexie erkennen. Vielmehr würden beide geradezu gierig das Essen verschlingen und mussten sogar gelegentlich gebremst werden. Das sei ganz offensichtlich Ausdruck eines Mangels, den beide erlitten hatten. An dieser Stelle zischte die Pflegemutter etwas Böses in meine Richtung. Der Verteidiger der Pflegeeltern meldete sich zu Wort. Er stellte meine Kompetenz in Frage und wollte wissen, ob ich überhaupt zu sachlich richtigen Aussagen befähigt sei. Der Richter wurde an dieser Stelle richtiggehend böse und wies den Rechtsanwalt mit Verweis auf mein Renommee als anerkannter Psychotherapeut und Wissenschaftler zurecht. Meine

Aussagen seien für das Gericht überzeugend. Er verbitte sich hämische Angriffe. Auch der Staatsanwalt stellte einige Nachfragen, die einfach zu beantworten waren. Danach wurde ich entlassen. Der Richter erwartete mich vor der Saaltür und führte mich zu einem versteckten Ausgang. Von dort gelangte ich, unbemerkt von den Fernsehteams, auf die Straße und zu meinem Auto. Das Ganze hatte eine knappe Stunde gedauert, mich aber unglaublich bewegt. Ich stellte das auch daran fest, dass ich am nächsten Tag an einem Brechdurchfall erkrankte.

Warum konnte Alexanders Tod nicht verhindert werden? Niemand konnte verstehen, warum die Leiden der drei Jungen nicht entdeckt worden waren. Sie hatten Wachstumsstörungen, massives Untergewicht und erkennbar depressive Gesichter. An erster Stelle würde ich das Versagen des Ehemanns anführen. Er war durch keine Vorgeschichte geschädigt und hätte auf Behandlung der Kinder bestehen müssen. Er hat seine Frau und die Familie im Stich gelassen, was die gesamte Dynamik verschärft hatte. Deshalb wurden ihm auch keine mildernden Umstände eingeräumt. Er habe versucht, so der Richter, seinem passiven Charakter entsprechend die Probleme auszusitzen. Aus Angst vor Strafe habe er die Augen vor den Misshandlungen geschlossen und die Mangelernährung weiter zugelassen.

Die Familie lebte in einer Doppelhaushälfte, warum wurden die Kinder nicht von Nachbarn gesehen? Oder war der Verfall so langsam, dass er nicht auffiel? In der Tat hat eine Gerichtsmedizinerin keinen Zweifel daran gelassen, dass ein Erkennen des Verfalls der Kinder bis einige Wochen vor Eintritt der Katastrophe für Außenstehende vor allem dann schwierig war, wenn die Kinder angezogen waren und der Betrachter nicht gewusst hatte, wie alt sie in Wirklichkeit gewesen waren.

Die Kinder blieben oft der Schule fern. Warum hat die Schule keine ärztlichen Bescheinigungen eingefordert? Jedem Arzt hätte der Zustand der Kinder auffallen müssen.

Vertreterinnen und Vertreter des Jugendamtes kamen zu regelmäßigen Hilfeplangesprächen in die Familie. Ich habe mit der zuständigen Jugendamtsvertreterin gesprochen. Mit tränenden Augen hat sie mir versichert, dass ihr beim letzten Besuch, sieben Monate vor Alexanders Tod, in der Familie nichts aufgefallen sei. Sie habe mit der Pflegemutter Kaffee getrunken, die Kinder hätten im Nebenzimmer gespielt.

Der Richter hat in seiner Urteilsverkündung vom unglaublichen Talent der Pflegemutter gesprochen, Menschen zu beeinflussen. Immerhin beanstandete der Richter auch organisierte Mängel beim Jugendamt.

Der Fall Alexander hat mir deutlich gemacht, wie wenig Einfluss soziale Kontrollen letztendlich darauf haben, katastrophale Entwicklungen in Familien abzuwenden.

Können wir das schreckliche Geschehen verstehen?

Die Frage nach den bewussten und unbewussten Motiven, die zu dem grauenhaften Geschehen geführt haben, beschäftigte das Gericht, aber auch jeden mitfühlenden Menschen. Emotionen kochten hoch, sie sind verständlich, aber sie ersetzen nicht die Analyse der Ursachen.

Der Staatsanwalt hatte in seinem Plädoyer festgestellt, die Pflegeeltern hätten aus Habgier, Berechnung und Grausamkeit getötet. Diese Hypothese schien unhaltbar und wurde vom Richter revidiert, die Angeklagten hätten vielmehr durch Unterlassen getötet. Er stellte fest, dass es sich bei der Pflegemutter um eine kindlich retardierte Persönlichkeit handle. Um ihren Wunsch nach einer Großfamilie zu stillen, habe sie »Kinder wie Puppen sammeln müssen«. Ihr Weltbild, die beste und kompetenteste Mutter aller Zeiten zu sein, bekam erste Brüche, als sie mit den schwierigen und verhaltensgestörten Pflegekindern nicht zurechtkam.»Gekränkt in ihrem Selbstwertgefühl als Übermutter setzte die Angeklagte von Anfang an dosierten Nahrungs- und Liebesentzug als Erziehungsmethoden ein« (Stuttgarter Zeitung, 1.7.99). Die Urteilsbegründung des Gerichtes über die Motive ließ allerdings viele Fragen offen. Die Verteidigung hatte ein Gutachten von einer prominenten Psychiaterin erstellen lassen. Diese erklärte, dass es durchaus realistisch und glaubwürdig sei, dass die Pflegemutter aufgrund einer Persönlichkeitsstörung nicht wahrgenommen hatte, wie es um ihre drei Pflegekinder stand. Aber auch der Ehemann und die drei leiblichen Kinder hätten, unter dem Einfluss der Pflegemutter, nicht gesehen, wie die drei Pflegekinder abmagerten. Der Hungertod von Alexander sei schließlich das »Crescendo« einer langen Entwicklung gewesen (Stuttgarter Zeitung, 20.4.1999, S. 23).

Wie die Pflegekinder sei auch die Pflegemutter ein unerwünschtes Kind gewesen, das sich stets zu wenig geliebt gefühlt habe. Ein Kind, das selbst unter Ess- und diversen anderen Störungen litt und wiederholte ärztliche Behandlungen zunächst als Misshandlungen empfand. Ulrike litt seit dem dritten Lebensjahr an wiederkehrenden Entzündungen von Blase und Harnwegen. Sie wurde unzählige Male katheterisiert, durch die Bauchdecke operiert, ihr wurde die Harnröhre geweitet, weitere schmerzhafte Operationen wurden durchgeführt. Es handelte sich dabei um Manipulationen in einem Körperbereich, der besonders schmerzempfindlich und mit Scham besetzt ist. Sie habe all das subjektiv als schwere Misshandlungen empfunden und lernte, die unangenehme Realität aus dem Bewusstsein auszublenden. Eine »depressive Störung« habe die Pflegemutter durch möglichst viele Kinder zu »behandeln« versucht. Sie sollten Lebensfreude und Lebendigkeit vermitteln und das Selbstbewusstsein der Mutter stärken. Doch bei dem Wunsch nach einer großen Familie habe sie, ohne es zu merken, eigene und fremde Kinder in gute und böse »gespalten«, die einen gehätschelt, die anderen hungern lassen«.

Der vom Gericht bestellte Gutachter konnte das Gutachten der Verteidigung nicht nachvollziehen. Er blieb bei seiner Auffassung, die Pflegemutter sei voll schuldfähig, Unterbringung in einer Psychiatrie oder Strafmilderungen blieben damit ausgeschlossen. Hier habe ich nur einen kurzen Auszug des Gutachtens zitiert. Ich habe es es komplett gelesen und es hat mich zutiefst überzeugt. Aus einem Opfer war eine Täterin geworden, wie das nach Traumata typisch ist. Es fand eine Spaltung in Gut und Böse statt, Opfer wurden die Pflegekinder.

Epilog

Ich hatte mich mit den drei Kindern identifiziert, dem verstorbenen Alexander, seinem Bruder Alois und Andreas. Ich hatte aber auch tiefes Mitgefühl für die Pflegeeltern. In dem tragischen Geschehen waren letztendlich alle Opfer. Pflegemutter und Pflegevater hatten sich in eine todbringende Psychodynamik verstrickt, aus der sie sich nicht mehr hatten befreien können. Sie waren blind dafür geworden, welche Katastrophen sich unentdeckt entwickelten. Wahrscheinlich sind beide mittlerweile wieder in Freiheit. Ich hoffe, dass es ihnen gut gehen möge und dass sie wieder zu den eigenen Kindern finden konnten.

Ich will zwei Fälle anschließen, die zeigen, dass dieser seelische Mechanismus vom Opfer zum Täter nicht selten ist. Lara und Lars verbrachten einige Zeit im Kinderheim. Sie waren traumatisiert durch schwere Misshandlungen in ihrer Herkunftsfamilie, aber wir fanden einen Weg, den Mechanismus zu durchbrechen. Dadurch konnten so grauenhafte Folgen wie im Fall Alexander vermieden werden.

19
Vom Opfer zum Täter – der unheimliche Wiederholungszwang

Traumatisierte Kinder wiederholen ihr Trauma unaufhörlich in der Realität. Ehemalige Opfer machen sich nicht selten zum Täter und befreien sich auf diese Weise von Gefühlen der Hilflosigkeit. Dies ist ein beharrlicher Mechanismus, den wir in Heimen und Kinder- und Jugendpsychiatrien sehr oft beobachten können. Wir hatten in unserem therapeutischen Heim ein sechsjähriges Mädchen, ich will sie Lara nennen. In der Einrichtung waren die Kinder aus therapeutischen Gründen in die Versorgung der Tiere eingebunden. So wurden immer einige damit beauftragt, die Hühner zu füttern und Eier einzusammeln. Von den Erzieherinnen war ich empört und entsetzt benachrichtigt worden, dass Lara Hühner in geradezu sadistischer Weise quälte. Sie hatte Hühner mit einem Stock im After penetriert und sie dabei schwer verletzt, so dass sie bluteten. Ich versprach den Erzieherinnen, mit Lara zu sprechen. Tierquälerei kommt bei Kindern selten vor und lässt so gut wie immer auf Misshandlungen oder ein traumatisches Geschehen im Leben dieser Kinder schließen. Von jetzt an verboten die Erzieherinnen Lara, in den Hühnerstall zu gehen. Wenig später sammelte das Mädchen Streichhölzer und legte an verschiedenen Stellen Feuer, das jedoch rasch gelöscht werden konnte. Es musste ganz rasch ein Krisengespräch mit dem Mädchen geführt werden. Natürlich muss immer signalisiert werden, dass diese Taten schlimm und gefährlich sind. Aber selbstverständlich ist es sinnlos, bei solchen Geschehnissen ein kleines Kind nach den Ursachen zu fragen. Vielmehr überlegten wir, was uns Lara unbewusst mitteilen wollte. Mit ihrem Tun hatte sie dargestellt, dass harmlose unschuldige Wesen gewaltsam penetriert wurden. Als sie sich über diese szenischen Geschehnisse nicht mehr von ihren Spannungen befreien konnte, begann sie Feuer zu legen. Ich verstand dies so, dass sie sich von ganz schrecklichen Fantasien befreien musste. Ich ahnte, dass mit Lara etwas Schreckliches geschehen sein musste, von dem wir bislang keine Ahnung hatten. Ich ließ Lara darum von einer Kindergynäkologin eingehend untersuchen. Es stellte sich heraus, dass das kleine Mädchen von einem Mann manifest sexuell missbraucht worden war, so dass dabei ihre Vagina schwer verletzt worden war. Unter strengsten Androhungen von Gewalt war dem Kind verboten worden, hierüber zu sprechen. Es war wahrscheinlich einer der wechselnden Freunde ihrer Mutter gewesen, der von dieser auch weiterhin gedeckt wurde.

Wenn wir überlegen, warum die angsteinflößenden Geschehnisse szenisch wiederbelebt wurden, wird deutlich, dass ein Kind die Szene zwar wiederholt, aber damit nicht mehr hilflos ist, Lara besaß nun Macht. Ihr klar zu machen, dass sie etwas Schlechtes tut, verändert noch nicht die Erinnerung daran, dass ein Erwachsener genau das mit ihr getan hat, was sie jetzt wiederholt.

Ein weiteres Fallbeispiel: Lars war von seinem drogenabhängigen Vater in den ersten Lebensmonaten schwer misshandelt worden, wenn die Mutter zum Arbeiten außer Haus war. Er hatte ihn mit Faustschlägen traktiert, ihn getreten, den Kopf in eine beschmutzte Windel gedrückt und noch viel Schlimmeres getan. Später hatte er ausgesagt, dass er einfach seine Ruhe haben und den Rausch hatte ausschlafen wollen. Im Kindergarten begann Lars andere Kinder zu schlagen und zu zerstören, was sie aufgebaut hatten. Er zeigte ein aggressives Bindungsverhalten und konnte Beziehungen nur über aggressives Verhalten aufnehmen, so wie er es in seiner Familie gelernt hatte. Lars war im Kindergarten bald nicht mehr zumutbar und wurde in unsere therapeutische Einrichtung gebracht.

Er war hier genauso aggressiv wie zu Hause, was unseren Erzieherinnen viele Probleme bereitete. Andererseits hatte er eine sehr einnehmende freundliche Art, und erkennbar blieb ihm selber fremd, warum er so unberechenbar handelte. Er wurde von seinen gewaltsamen Impulsen regelrecht überwältigt. Eines Tages riefen die Erzieherinnen entsetzt bei mir an, ich müsse ins Heim kommen. Lars habe einem anderen Jungen mit einer Eisenstange auf den Rücken geschlagen, so dass dieser kurzzeitig bewusstlos gewesen sei. Ich fand im Haus die empörten Erzieherinnen vor, daneben ein weinendes kleines Kind, Lars. Ich nahm ihn mit in mein Sprechzimmer. Dort steigerte sich sein Weinen und Schluchzen noch. Schließlich meinte er: »Hans, ich weiß doch auch nicht, warum ich das immer tue. Ich möchte es nicht, aber dann tue ich's trotzdem«. Ich sagte: »Ich glaube dir, Lars, dass es so ist. Es gibt den Lars zweimal. Einen, der alles richtig machen will und ein richtig lieber Junge ist. Und einen zweiten, der anderen wehtun will, und manchmal ist der gute zu schwach, um den gewalttätigen Lars zu beherrschen. Ich denke, dass Du das noch lernen wirst, so lange Du hier bist«.

Moralisieren und Empörung bringen uns nicht weiter. Ein einfühlender, verstehender Umgang heißt allerdings nicht, dass keine Grenzen gesetzt werden. Diese müssen manchmal sogar durch Strafen deutlich werden. Strafen müssen aber für alle Beteiligten nachvollziehbar sein, sie dürfen nicht aus einem Rachebedürfnis entstanden sein, und sie müssen eine Wiedergutmachung ermöglichen. Ich habe die Strafen oft mit dem zu Strafenden besprochen, mir war immer die Einsicht wichtig und dass die Strafe auch eine Chance zur Wiedergutmachung enthielt. Lars war bereit, einen Tag lang den Küchendienst des Jungen zu übernehmen, den er geschlagen hatte.

20

Gewalt und Aggression, oder: Auf der Suche nach einer besseren Familie

An einem Sonntagnachmittag rief mich Matthias, damals 19 Jahre alt, an und fragte, ob er einmal mit mir sprechen könne. Matthias war während meiner Zeit als Fachlehrer an der Hauptschule von mir unterrichtet worden, ich war ihm bei der Lehrstellensuche behilflich gewesen und hatte mit ihm mehrere Einzelgespräche geführt. In den vergangenen vier Jahren hatten wir uns jedoch aus den Augen verloren. Ich vereinbarte einen Gesprächstermin und wusste lediglich, dass mir Matthias einiges sagen wollte. In dem Gespräch teilte mir der junge Mann mit, dass er in große Schwierigkeiten mit Polizei und Gericht geraten sei, dass er inzwischen jedoch fast alles hinter sich habe. Er wolle jetzt mit jemanden, der Jugendliche verstünde, über alles reden. Dabei habe er an mich gedacht, weil ich ja so einen komischen Beruf hätte. Über zwei Jahre hinweg fanden sporadische Treffen statt.

Was ich von Matthias beim ersten Treffen erfuhr, war so absonderlich und außergewöhnlich, dass ich entgegen meiner sonstigen Praxis den jungen Mann um die Erlaubnis bat, meinen Kassettenrecorder mitlaufen lassen zu dürfen. Das akzeptierte Matthias geradezu begeistert. Es war, als freute er sich, mir ein Geschenk machen zu können, und ich konnte erkennen, wie er mein Staunen und mein Interesse an seinen grotesken Berichten genoss. Im Folgenden werde ich deshalb immer wieder aus den alten Mitschnitten zitieren, damit die Aussagen so authentisch wie möglich wiedergegeben werden. Matthias war der dritte von fünf Jungen. Die Mutter war eine sensible, stille Frau, die immer wieder an schweren Depressionen erkrankte und stationär behandelt werden musste. Der Vater, als Bauarbeiter tätig, war ein jähzorniger, sehr brutaler Mann, welcher exzessiv trank und Frau und Kinder dann oft schlug. Dennoch schien er ein recht intelligenter Mensch gewesen zu sein, der nicht verstehen konnte, warum seine Kinder in der Schule versagten. Oft, wenn er abends betrunken nach Hause kam, holte er die Kinder aus dem Bett und »übte« mit ihnen Mathematik. Wenn sie eine Aufgabe nicht lösen konnten, schlug er ihnen blitzartig ins Gesicht. Selbst die Mutter hatte große Angst vor ihm, sie versuchte an den Kindern gutzumachen, was sie nur konnte, war jedoch vollkommen überfordert. Bereits in der ersten Klasse bekam Matthias große Schwierigkeiten in der Schule und musste sie wiederholen. Damals war er durch heftiges Grimassieren und Clownerien aufgefallen. Kleine Jungen versuchen auf diese Weise fehlenden Selbstwert zu kompensieren. Als Matthias in die Pubertät kam, wurde er groß und bärenstark, das körperliche Ebenbild seines Vaters. Endlich konnte er es den fleißigen und angepassten Mitschülern über seine körperliche Überlegenheit zeigen und wurde von da an einigermaßen respektiert, auch wenn er weiterhin zu spüren bekam, dass er der Junge aus der Unterschichtsfamilie war, den man meiden sollte. Mittlerweile hatten sich die Eltern scheiden lassen. Den Lehrern gegenüber zeigte sich Matthias wichtigtuerisch, oft aufbrausend, was ich als eine »negative Übertragungsreaktion« betrachtete: Matthias wiederholte den Lehrern gegenüber seine aggressive Beziehung zum Vater. Sprach ich unter vier Augen mit ihm und appellierte ich an seinen guten Willen, tat er bereitwillig, was von ihm gefordert wurde. Matthias hatte die Eigenschaften von Mutter und Vater verinnerlicht. Dieses »mütterlich-gutmütige« und

»väterlich-brutale« Prinzip wirkte sich auch später noch aus, als der junge Mann als Rocker aktiv war.

Mit 17 Jahren schloss sich Matthias einer Rocker-Clique an, den »Black Cross«. Wenig später formierte sich die Gruppe, von der im Folgenden die Rede sein wird, die »Wild Angels«. Kern der Clique waren etwa dreißig achtzehn- bis zwanzigjährige Männer aus den umliegenden Dörfern, sehr viele Außenseiter aus Unterschichtsmilieu mit mangelhafter Ausbildung, häufig arbeitslos oder in Jobs tätig, welche ihnen nur wenig oder gar keine Freude bereiteten. Gut ein Drittel waren Mitläufer, welche bis dahin überhaupt nicht aufgefallen waren und nur kurzzeitig Mitglieder der Clique blieben. Andere wiederum waren schon wegen krimineller Vergehen im Gefängnis gewesen. Das, was sie letztlich zusammenhielt, drückte Matthias so aus, als er über ein Gruppenmitglied sagte: »Der hat halt von seinem Vater immer Prügel gekriegt und hat gerade so eine Clique gesucht wie wir.«

In der Clique suchten die einzelnen Mitglieder offensichtlich Ausgleich dafür, was sie im Elternhaus und im Beruf nicht hatten finden können. Sie wurde die Heimat der seelisch Heimatlosen. Als einzelne waren sie im Leben schwach, in ihrer Bande fanden sie Anerkennung und die Möglichkeit, sich zu beweisen. Und was ist besser geeignet, die alltägliche Langeweile vergessen zu machen, als die Flucht in vermeintliche Abenteuer. Bunte Tagträume, einmal so sein wie die Helden in Abenteuer-, Wildwest- und Karatefilmen, feuern dieses Verlangen an. Die Reize, welche die vorherrschende Langeweile übertreffen sollen, müssen mit der Zeit stärker werden und sind dann am größten, wenn das Leben anderer oder das eigene Leben gefährdet wird. In einem späteren Abschnitt gehe ich auf dieses Phänomen ein.

Gruppenprozesse

An der Spitze der Clique standen ein Präsident und ein Vizepräsident, außerdem waren ein Schreiber und ein Kassierer tätig. Es gab sogar einen Sekretär, der Fotos und Zeitungsberichte sammelte und penibel ordnete. Später durfte ich sie einsehen. Die ansonsten abgelehnten, sogenannten »normalen Bürger« wurden in ihrer Lebensweise nicht nur kopiert, sondern unbewusst karikiert. Als Ausgestoßene hassten die Rocker die bürgerliche Mittelschicht, doch wollten sie auch weiterhin an ihr teilhaben. Die Organisation der Rockerbande erinnerte mich an die schwäbischen Gesangs- und Schützenvereine. Matthias: »Wir waren eigentlich eine Familie, aber alle mussten sich an die Gesetze halten«. Diese Gesetze lauteten etwa: Oberstes Gebot sind Zusammenhalt, Freundschaft und Treue. Verkrieche dich nicht, wenn es zur Schlägerei kommt. Kämpfe Mann gegen Mann! Wer allerdings sinnlosen Streit provoziert, der wird »körperlich verwarnt«. Mit diesem Euphemismus wurde »verprügelt werden« umschrieben.

Die Gruppe war also ein Ersatz für die Familie. Sie sollte jene Geborgenheit und Wärme spenden, welche bislang den meisten Cliquenmitgliedern versagt geblieben war, denn die Verhältnisse zu Hause waren bei fast allen chaotisch gewesen. Das macht deutlich, warum in der neuen Familie, der Clique, die Regeln so streng sein mussten, warum unbedingter Gehorsam verlangt wurde: Die neue Familie sollte ja eine bessere als die alte werden. Dies führte zunächst zum stabilen Gruppenzusammenhalt und zu einem intensiven »Wir-Gefühl«, was durch den Gruppennamen und die gemeinsamen Gruppenmerkmale hervorgehoben wurde. Zudem entstand der Wunsch, einen Feind zu bekämpfen, der außerhalb der Gruppe gesehen wurde. Dies sind typische Prozesse, wie sie bei der Entstehung von allen Gruppen ablaufen und aus der Sozialpsychologie hinreichend bekannt sind.

Die Mitglieder dieser Gruppierungen stammten in der Regel aus

Familien mit gestörten Beziehungen und hatten eine seelische Struktur, die nach Normen und strengen Regeln verlangte, um das innere Chaos zu beherrschen. So existierte zwar die Phantasie von einer besseren Familie mit einem ordnenden väterlichen Prinzip. Andererseits war die Tendenz stark, unbewusst die »chaotische Familie« zu reaktivieren, und so kam es ständig zu blutigen Auseinandersetzungen, Vandalismus und zu Selbstverstümmelung. Hier zeigte sich etwas Typisches für dissoziale Charaktere: Sie inszenieren ihre inneren Konflikte in der Außenwelt.

Zur vordergründig stabilen Gruppenbindung trugen die Gruppensignale, der Name der Gruppe, die gleichartigen Clubjacken und andere Embleme bei. Die uniformierte Kleidung mit dem Namen der Clique und mit magischen Symbolen tilgt die Individualität und lässt den einzelnen in der Gruppe untergehen. Daneben demonstriert er paramilitärische Uniformität, Geschlossenheit und verleiht damit dem Individuum eine Macht, welche es sonst nicht besitzt. Auf diese Weise werden Allmachtsfantasien geschürt, die das zumeist gestörte Selbstwertgefühl der Gruppenmitglieder kompensieren sollen. »Mit der Jacke kommst du dir groß vor«, sagte Matthias. Es ist, als wirkte die Clubjacke mit den geheimnisvollen Emblemen und die Tätowierung auf der Haut wie ein macht- und stärkeverleihender Zauber, so wie die Amulette und Talismane primitiver Völker oder die Insignien autoritärer Diktaturen. Solche Talismane und Amulette können wir auch als einen Vaterersatz verstehen.

Auch die Namen von Rockergruppen verraten magisch-animistisches Denken; Cobras, Black Leathers, Stander Greif, Black Cross, Hells Angels und eben Wild Angels. In der Ambivalenz dieses Gruppennamens erkennen wir den Versuch, die »Wildheit« (sprich die bedrohlichen Triebansprüche) mittels Anpassung (an die Angels, Engel) zu besänftigen. Dies spiegelt sich auch in der Wahl des Gruppenemblems »Kreuz mit Flammen«, das auf allen Jacken erschien, gestickt, genietet oder gemalt: Einerseits steht ein Flammenkreuz bildhaft für Sieg, andererseits ist das Kreuz ein Symbol für das Leiden; weitere Hinweise auf das magisch-animistische Denken in der Gruppe. Beim magischen Denken nimmt eine Person an, dass ihre Gedanken, Worte oder Handlungen Einfluss auf ursächlich nicht verbundene Ereignisse nehmen können. Animistisch bedeutet, dass unbelebte Dinge beseelt werden. Dies erklärt, warum Waffen aller Art für die Rockergruppen einen so hohen Stellenwert besitzen. Matthias berichtete von Schnappmessern, Pistolen, Schrotflinten, Motorsägen und sogar von gestohlenen Handgranaten, mit denen in einem See gefischt wurde. Insbesondere tödliche Waffen wurden wie macht- und stärkeverleihende Zauberstäbe erlebt, welche die Umwelt beherrschbar machten. Die forcierte Männlichkeit und das übertriebene Machogehabe verrieten letztlich eine unsichere männliche Identität und die Abwehr homosexueller Wünsche – Homosexuelle wurden in diesen Gruppen extrem verachtet und regelrecht verfolgt.

Aggression und Autoaggression

Was uns den Umgang mit gewalttätigen Jugendlichen so schwer macht, ist unsere Furcht vor unkontrollierten und blitzartigen Aggressionsdurchbrüchen. Darum wird selten nach therapeutischen Maßnahmen gefragt, sondern ein hartes Durchgreifen der staatlichen Organe verlangt. Es sieht so aus, als ob diese jungen Männer mit ihrem aggressiven Verhalten genau das weitergeben würden, was sie als Kinder hinnehmen mussten und verspürt hatten. Wie sie einst beherrscht und gequält wurden, so beherrschen und quälen sie heute andere; sie erzeugen das gleiche Chaos, verbreiten die gleiche archaische Angst, die sie einst erlebt haben. So wie die Kommunikation in der Familie von Gewalt in Form autoritärer Strukturen geprägt war, wurde körperliche Gewalt zum einzigen Kommunikationsmittel, wenn die intellektuelle Kontrolle versagt, was beim geschilderten Personenkreis recht schnell geschieht. Während der vielen Berichte von Matthias über angst- und terrorverbreitende Randale stand mir immer wieder das Bild des gewalttätigen Vaters des Jungen vor Augen, der einst ebenfalls so unberechenbar und blitzartig zugeschlagen hatte. Zur Illustration im Folgenden ein Auszug aus den Kassettenmitschnitten:

»In dem Moment waren wir schon Halbverbrecher, ja, weil wir uns mitschuldig gemacht haben mit dem. Der war also knallhart. Der hat das knallhart gebracht in W. (einer Autobahnraststätte). Wir haben diese Autobahnraststätte dreimal ausgeräumt. Also gerade der R., der hat eine 745-Knarre dabei gehabt. Wir waren also drin im W., der R., ich sag ja, das war ein Typ, der hat das gar nicht selber geschnallt in dem Moment, was er macht. Der Ober kam raus und der R. nimmt die Linsen und Spätzle und haut sie voll gegen die Wand. Und die laufen da so runter, und wir natürlich haben auch mitgemacht. Wir haben die Linsen an die Wand geschlagen und die Spätzle in die Luft geschmissen, also wir haben ausgesehen wie die größten Schweine. Ein paar andere Leute sind da drinnen gesessen, die haben sich nicht stören lassen. Der R. ist hin zu dem einen, der hat gerade ein Schnitzel gegessen, er nimmt die Knarre und hält sie ihm an den Kopf und sagt: ›Weißt du was, das Schnitzel gefällt mir, jetzt gibst du mirs mal zum Probieren.‹ Der hat das natürlich gleich gemacht. Das Schnitzel hat dem R. nicht geschmeckt, da nimmt er den Schnitzelrest mit der Gabel und läuft in die Küche mit der Knarre. Und in dem Moment, wie er um die Ecke rumgeht, wo die Küche ist, da kommt der Koch mit so einem Messer heraus, mit so einem Gerät von Messer. Der R., der zieht hinten den Lauf, den Hebel durch und sagt: ›Weißt was, wenn du das Messer nicht fallen lässt, dann mach ich dir ein blaues Loch in dein Hirn.‹ Hätte der knallhart gemacht. Da hat der es fallen lassen. Dann kam ein Ober, den haben sie gleich umgeschlagen. Einer von uns hat ihn gleich umgehauen, auf den Servierwagen draufgesetzt und ihn wieder in die Küche reingeschoben. Ich sag ja, lauter so abartige Sachen haben wir gebracht. Also man kann nicht sagen, dass wir noch zivilisiert waren. Mir hat's gefallen, also echt gefallen, weil da jeder die Schnauze gehalten hat. Also wenn wir gekommen sind, da haben alle gesagt: ›Passt auf, Leute, ihr müsst aufpassen‹!«

Ganz sicher sind sehr viele ähnliche Taten der Gruppe von wenigen Einzeltätern (von Matthias auch »Knastbrüder« genannt) begangen worden, allerdings kam es auch zu massenpsychologischen Phänomenen, an denen sich auch die Mitläufer kritiklos beteiligten. Der kleine Bericht beschreibt ein lustvolles »Bad im Chaos« und zeigt gleichzeitig die Allmachtgefühle, welche die Gruppenmitglieder dann empfanden sowie ihre Lust, harmlose Bürger zu quälen und zu erniedrigen. Solche Taten lösen begreiflicherweise Angst, Hilflosigkeit und vor allem Racheimpulse aus.

Die Hauptangst ist – das macht der Bericht von Matthias insbesondere am Schluss deutlich – das Erleben von Ohnmachtsgefühlen. Diese sind so unerträglich, dass sie durch aggressives Handeln bewältigt werden. Es wird zudem deutlich, welche Rolle die Allmachtvorstellungen spielen und wie sich die Jugendlichen in grandioser Weise über die eigene soziale Realität und die der Opfer hinwegsetzten. Zu einem großen Teil rührt die Wut des jugendlichen Rockers aus seelischen Verletzungen der frühen Kindheit und kann als Reaktion auf die damaligen Kränkungen verstanden werden.

Die hohe Kränkbarkeit und die daraus resultierende geringe Frustrationstoleranz vieler Gruppenmitglieder wurden in einem weiteren Bericht von Matthias deutlich: Als ein Mitglied der Clique von zwei Männern beleidigt wurde, versuchte er diese mit seinem Auto zu überrollen. Als sie zu flüchten versuchten, knallte er immer wieder mit seinem Fahrzeug auf das Auto der Verfolgten, so lange, bis beide Autos nur noch Schott waren. Ein dissozialer Jugendlicher (zeitweilig ebenfalls Mitglied einer Rockergruppe), dem ich einmal aus privaten Gründen eine Therapiestunde absagen musste, verübte genau zu der Zeit, als die Stunde hätte stattfinden sollen, einen Suizidversuch.

Neben den vielen aggressiven Inszenierungen und der scheinbaren »Gefühlskälte« der Jugendlichen erschrecken vor allem die vielen autoaggressiven Akte, Selbstverstümmelungen und die ständige Risikobereitschaft. Einer stürzte ein Auto einen Steinbruch hinunter und sprang erst in letzter Sekunde heraus. Ein anderer fuhr prinzipiell auf der linken Straßenseite und wich erst auf die rechte Seite, wenn er kurz vor dem Zusammenstoß mit einem entgegenkommenden Auto war. Ein anderes Gruppenmitglied legte sich mit einer großen blutenden Fleischwunde auf vom Regen durchweichten Boden zum Schlafen nieder und musste später mit einer Sepsis ins Krankenhaus gebracht werden. Von einigen ehemaligen Gruppenmitgliedern wusste Matthias, dass sie nicht mehr lebten, sie waren bei Unfällen oder Schlägereien ums Leben gekommen.

Momentane Erregung betäubt ein chronisches Gefühl von innerer Leere allerdings nur kurzzeitig, weil die tieferen Schichten davon unberührt bleiben. Der Psychoanalytiker Erich Fromm (1974) sah als Ursache für solche Formen der Destruktivität und Akte der Selbstzerstörung »ein unerträgliches Gefühl der Langeweile und Ohnmacht und das Bedürfnis, zu erleben, dass es doch noch jemanden gibt, der reagiert, jemand, auf den man einen Eindruck machen kann, eine Tat, die der Monotonie des täglichen Lebens ein Ende machen wird.« Dies ist jedoch eine Hoffnung, die zumeist nicht erfüllt wird.

Auch das Gewissen wird in der Außenwelt installiert

Die Berichte von Matthias machten deutlich, wie gering die Orientierung der Gruppe an die sozialen Normen war, und andererseits, wie unfähig die Gruppenmitglieder waren, aus sozialen Erfahrungen zu lernen, ein Umstand, der dem Normalbürger unbegreiflich bleibt.

Auffallend war ein ständiger Kampf der Clique gegen die »Scheißbürger«, gegen die »Bullen« – die bezeichnenderweise verachtet wurden, weil sie nicht hart genug waren – und gegen jede staatliche Exekutive. Auf jene Autoritäten wurde das Gewissen projiziert, es war eine strafende und versagende Umwelt, von der sich die Gruppenmitglieder ungerecht behandelt fühlten. Der innerpsychische Konflikt wurde in die Außenwelt verlagert, beispielsweise wurde die Polizei zum kontrollierenden und strengen Gewissen, das die gefährlichen Triebdurchbrüche unterdrücken sollte. Matthias berichtete von einem Cliquenmitglied, welches in eine Polizeiwache einbrach, um einen Kumpel »herauszuholen«. Dort beschimpfte er die Polizisten solange, bis diese ihn »zusammenschlugen, wie er's brauchte«. Es ist zu vermuten, dass bei diesem Vorgehen auch unbewusste Selbstbestrafungstendenzen befriedigt werden sollten.

Neben den »bösen« staatlichen Instanzen wurden auch Außenseiter und Randgruppen, Rauschgiftsüchtige, Ausländer und vor allem Homosexuelle verabscheut und regelrecht gejagt und zusammengeschlagen. Eigene verachtete Selbstanteile wurden auf diese Gruppen projiziert, konnten so vom Erleben ferngehalten und dort bekämpft werden.

Eine kleine Replik

Ich habe in diesem Kapitel die bizarre Subkultur einer ländlichen Rockergruppe vorgestellt. Es zeigte sich, dass das Gruppenleben zunehmend von Jugendlichen mit dissozialen Neigungen bestimmt wurde, denen die Gruppe als Chance erschien, in einer anderen und besseren Familie neu zu beginnen. Allerdings bestand auch ständig die Tendenz, die chaotische Herkunftsfamilie zu reaktivieren, weil dissoziale Jugendliche dazu neigen, ihre innerseelischen Konflikte in der Außenwelt zu inszenieren. Darum kann ihre Neigung, ständig mit sinnlosen delinquenten Handlungen Aufsehen zu erregen, auch als Versuch gedeutet werden, ein Gewissen in der Außenwelt zu installieren. Sie können sich nicht selbst schützen und wollen darum kontrolliert und beschützt werden.

Matthias hat nie eine Psychotherapie angestrebt, dazu fehlte ihm die Einsicht. Er hatte das Glück, ein zuverlässiges und seelisch gesundes Mädchen kennenzulernen. Es stellte ihn vor die Wahl: »Clique oder ich!« Matthias entschied sich für das Mädchen und wurde herzlich in seine Familie aufgenommen. Zu seinem Schwiegervater entwickelte er eine enge Beziehung, und bekam so endlich jenen Vater, den er sich immer ersehnt hatte. Das war die für ihn adäquate Therapie. Er hat mich später zu seiner Hochzeit eingeladen.

21

Der Junge, der sich wie eine Frau kleidete

Das erotisch-sexuelle Begehren der meisten Menschen richtet sich auf das andere Geschlecht, eine solche Orientierung nennen wir heterosexuell. 5–7% aller Menschen sind homosexuell, das heißt ihre Sehnsucht richtet sich auf das gleiche Geschlecht. Inzwischen betrachten wir die lesbischen, homosexuellen und bisexuellen Ausrichtungen als der Heterosexualität gleichwertige Varianten. Das war nicht immer so. Die Forschung geht von erblichen Dispositionen und weiteren Dispositionen aus, kennt aber die Ursachen der sexuellen Orientierungen (Hetero-, Bi- und Homosexualität) ebenso wenig wie die der Transidentität.

Anders ist es mit Abweichungen von der Norm. Früher haben wir in diesen Fällen von Perversionen gesprochen, später von Deviationen. Heute werden mit Paraphilien alle sexuellen Neigungen bezeichnet, die deutlich von der Norm abweichen. Sie werden nur noch dann als krankheitswertig eingeschätzt, wenn bei der betreffenden Person Leidensdruck vorherrscht oder dadurch die Gesellschaft geschädigt werden kann (wie etwa bei Pädophilie). Es existiert eine Fülle von Normabweichungen, sie sind in fast allen normalen sexuellen Fantasien enthalten. Ein Problem entsteht meist dann, wenn eine Paraphilie zur einzigen Fantasie und sexuellen Befriedigung wird. Dann werden zwischenmenschliche Beziehungen vernachlässigt, was zu Rückzug und Einsamkeit führt. Darüber will ich berichten.

Ein Kollege einer psychologischen Beratungsstelle hatte mich angerufen und gefragt, ob ich einen 14-jährigen Jugendlichen zur Psychotherapie übernehmen könnte. Er leide unter einer schweren Zwangssymptomatik. Mit Beratung der Familie käme man hier nicht weiter. Zum ersten Kontakt erschien ein schmächtiger Junge, der sich als Sascha vorstellte. Er hatte ein bleiches Gesicht und zeigte – trotz seiner 14 Jahre – noch kaum Merkmale von körperlicher Pubertät. Neben dieser Retardierung wirkte er ungeheuer feminin, ängstlich und schüchtern. Er erschien wenig männlich, und ich spürte eine große Nähe zur Mutter. Solche Entwicklungen treten dort auf, wo der Vater fehlt, so war es auch hier. Wir nennen einen solchen Zustand auch profeminin. Sascha war sehr wortgewandt und konnte über seine gravierende Symptomatik und seinen bisherigen Leidensweg einfühlsam und erstaunlich reflektierend berichten. Er habe schon immer an Ängsten gelitten, sich zu beschmutzen. Gleichzeitig würde vom Schmutz eine seltsame Faszination ausgehen und das Bedürfnis, ihn trotz Ekels anfassen zu wollen. Auf der Straße habe er unentwegt Angst, in Hundekot zu treten. Noch schlimmer sei es mit beschmutzten Taschentüchern. Wie unter Zwang berühre er sie, auch glaube er oft, eins berührt zu haben, ohne dass es der Fall gewesen war. Immer wieder hatte er dieses Gefühl. Danach müsse er so lange seine Hände waschen, bis sie schmerzten. Er zeigte mir seine Hände, die rau und rissig waren. Putze er sich die Zähne, so lege er vorher fest, wie viele Putzbewegungen es sein müssten. Vorher dürfe er nicht aufhören. Ein gutes Ergebnis hiervon sei, dass sein Zahnarzt gemeint habe, noch nie ein solch gepflegtes Gebiss gesehen zu haben. Saschas Zwangsdenken verdeutlichte, dass er vom Schmutz, also dem Triebhaften abgestoßen wurde, vor ihm Angst hatte, aber dennoch fasziniert war. Dann erklärte er, der wichtigste Mensch in seinem Leben sei seine Mutter. Wenn er ihr von seinen Ängste berichte, gehe es ihm sofort besser. Das geschehe seit langem jeden Abend. Werde es seiner Mutter zu viel, gerate er zunächst in Angst, die jedoch auch in heftige Wut übergehe. Dann beschimpfe er sie hemmungslos mit den wüstesten Ausdrücken. Wenig später tue ihm das unendlich leid, und er versuche seine Mutter zu umarmen und zu küssen, was diese wütend abwehre. Damit beschrieb Sascha Ähnliches wie zuvor mit dem Schmutz. Mir wurde klar, dass die Mutter Ziel seiner Begierde war und dass ihn das gleichzeitig ängstigte.

Saschas Vater war bereits zweimal verheiratet gewesen, als er Saschas Mutter heiratete. Sie wurde ungewollt mit Sascha schwanger, und für den Vater wurde der Sohn, den er sich nie gewünscht hatte, zum ewigen Störenfried. Er wollte die Mutter ausschließlich für sich haben, es kam zu absonderlichen Auseinandersetzungen. Während des zweiten bis dritten Lebensjahres zeigte Sascha heftige Trotzanfälle, die jedoch rasch verschwanden, weil der Vater sie, auch mit körperlicher Gewalt, unterdrückte. Wenig später begann der Junge nachts aus Angstträumen hochzuschrecken und zu schreien. Er wollte dann ins Bett der Eltern, was vom Vater verhindert wurde, indem er den Jungen beschimpfte oder schlug. Er geriet bereits in Zorn, wenn der Junge nur dazwischen redete, wenn er mit seiner Frau sprach, und er stellte im Hinblick auf Sauberkeit, Ordnung und Gehorsamkeit von früh an extrem hohe Ansprüche an das Kind, die er mit erheblichem Druck und auch handgreiflich durchsetzte. Der Vater erkrankte an Lungenkrebs, war längere Zeit bettlägerig und starb, als Sascha zehn Jahre alt war. Der qualvolle Tod des Vaters hinterließ ein nur teilweise verarbeitetes Trauma.

Saschas Mutter war eine ungemein gepflegte und trotz ihres Alters äußerst attraktive Frau. Ich war überrascht, als sie mir später berichtete, dass sie im schlimmsten Schmutz und in Unordnung groß geworden und aus ihrer Familie samt dem Chaos regelrecht geflüchtet sei. Seither waren ihr Ordnung, Sauberkeit und korrekte Kleidung von höchster Wichtigkeit, sie setzte diese Vorstellungen von Anfang an auch bei ihrem Kind durch. Ihre eigene Mutter sei sehr abergläubisch gewesen und habe ihr noch als erwachsene Frau vorgehalten, dass sie einen zweimal geschiedenen Mann geheiratet habe. Damit habe sie schwere Schuld auf sich geladen und ihr Kind müsse dafür einmal büßen. Ich begriff bereits jetzt, wieviel magisch-animistisches Denken und wie viele Projektionen auf Sascha lasteten.

Den jetzigen Zustand hielt die Mutter für unerträglich, weil Sascha wegen seiner Zwangssymptome dauernd ihre Nähe suchte. Sie habe keine Minute Zeit für sich, weil sie pausenlos mit ihm und seinen Fantasien beschäftigt sei. Hinzu kämen die schrecklichen Beschimpfungen, in denen er sie als Hure und mit noch schlimmeren Schimpfworten bedachte. In seinen Anfällen von grenzenloser Wut schreie er oft wie ein Tier und attackiere sie sogar körperlich. Im Gegenzug habe sie ihn schon oft als Teufel in Menschengestalt beschimpft. Solche fürchterlichen Auseinandersetzungen voll psychischer und körperlicher Gewalt häuften sich. Was sie jedoch völlig unerträglich fand, war, dass aus den Attacken unvermittelt und befremdlich wirkende Anklammerungswünsche entstehen konnten, etwa wenn sich Sascha nach besonders wüsten Auseinandersetzungen in ihren Schoß zu kuscheln suchte. Dabei habe sie ihn schon häufig weggestoßen, was wiederum Wutanfälle zur Folge hatte.

Die Beziehung eines Vaters zu seinem Sohn sollte so nah sein wie dessen Beziehung zur Mutter. Im günstigen Fall sollte sich ein Dreieck, eine Triade bilden. Ich stellte fest, dass der Vater, dem das Kind nur lästig gewesen war, die Entstehung eines Beziehungsdreiecks verhindert hatte. Direkt nach dem Tod des Vaters hatte sich Sascha an seine Stelle gesetzt, die symbiotische Beziehung fortgesetzt und die Mutter zu seinem Besitz erklärt, was – auch vor dem Hintergrund der beginnenden Pubertät – dramatische Folgen hatte.

Ich besprach mich mit der Mutter und Sascha und erklärte mich bereit, eine psychotherapeutische Behandlung durchzuführen. Die Mutter befand sich ebenfalls in einem psychisch desolaten Zustand, sie ertrug die Lebenssituation mit Sascha nicht mehr länger. Bereits während der Vorbereitungssitzungen hatte ich die Mutter extrem übergriffig und eindringend erlebt, ständig suchte sie einen Schiedsrichter für die Auseinandersetzungen und drohte gelegentlich sogar, die Polizei einzuschalten. Um die Situation zu entschärfen und eine Trennung der beiden vorzubereiten, schlug ich einen stationären Aufenthalt in der nahegelegenen psychiatrischen Klinik vor. Sascha reagierte entsetzt, ließ sich aber schließlich darauf ein und wurde zeitnah aufgenommen. Von dort rief er mich fast täglich an, klagte darüber, dass es ihm schlecht gehe und dass er zu mir kommen wolle.

Nach seinem Aufenthalt in der Psychiatrie begannen wir mit der Therapie. Mir fiel auf, dass Sascha, für einen Jugendlichen ungewöhnlich, Sexualität völlig ausklammerte. Bei allem stand im Vordergrund, wie eng Mutter und Sohn in inzestuöser Weise miteinander verklammert waren, und wie sie gleichzeitig versuchten, sich mit ihren Auseinandersetzungen gewaltsam voneinander zu befreien.

Sascha entwickelte rasch eine gute Beziehung zu mir, die väterliche Anteile hatte. Er zeigte großes Vertrauen zu mir und erzählte mit großer Offenheit. Es setzte ein produktiver psychoanalytischer Prozess ein, in dem er mir oft von seinen Träumen berichtete. In einem Traum glaubte er, mit Hänsel und Gretel in den Wald zu gehen. Der Wald war voller Hexen, die ihn ängstigten, sie waren alt und hässlich. Eine dieser Hexen, das sei »ganz pervers« gewesen, habe ein langes, sehr dickes Glied gehabt, sicherlich einen halben Meter lang. Das habe waagerecht weg gestanden, wie die Zunge einer Schlange, er habe Angst gehabt, dass ihn die Zunge berühren könne und sei in Panik weggerannt. Mit einem Seil habe er sich schließlich über einen Abgrund geschwungen, das sei ein tolles Gefühl gewesen. Im Wald hatten auch Fliegenpilze gestanden, die bis zu einem Meter groß waren. In der Realität hatte Sascha in den vergangenen Tagen die Mutter besonders häufig als Hexe beschimpft, diese ihn wiederum als Teufel, von dem sie hoffe, dass er bald sterben werde.

Nach diesem eigenartigen, deutlich sexuell gefärbten Traum, voller Wollust und Angst, erzählte Sascha einen weiteren Traum: »*Ich habe mit zwei Männern auf der Bühne gestanden, und wir wurden vom Publikum bewundert.*« Hiervon träumte er immer wieder. Mit zwei Freunden übte er und schrieb eigene Songs. »*Wir spielten Gitarre und haben gesungen.*« Dann stockte er und fügte hinzu: »*Wir wurden vor allem deshalb bewundert, weil wir Frauenkleider getragen haben*«. Wiederum kam es zu einem längeren Schweigen; schließlich meinte Sascha, die Scham stand ihm im Gesicht geschrieben, dass er mir etwas anvertrauen müsse, was bislang niemand wisse. Dazu müsse er etwas aus seiner Kindheit berichten. Er habe immer Angst um seine Mutter gehabt, wenn diese nicht da war. Als er in die erste Klasse gekommen sei und wieder einmal unter schweren Trennungsängsten gelitten habe, habe er eines Nachmittags die Schuhe seiner Mutter entdeckt. Diese beeindruckten ihn in eigenartiger Weise, ganz anders als sonst. Er sei hineingeschlüpft und unvermittelt sei er nicht nur völlig angstfrei gewesen, sondern habe auch ein unglaublich fantastisch-schönes Gefühl erlebt. Dann sei er mit diesen Schuhen auf und ab spaziert und habe sich grandios gefühlt. Seither habe er das regelmäßig heimlich getan. Dies Verhalten zog sich über Jahre hinweg, und Sascha nutzte jede Gelegenheit, in den Schuhen seiner Mutter auf und ab zu laufen, wenn er allein war. Es sei zu einer regelrechten Sucht geworden. Im Alter von etwa elf bis zwölf Jahren sei er eines Tages, als die Mutter wieder einmal abwesend war, an deren Kleiderschrank gegangen und in ihre Unterwäsche geschlüpft. Das habe ihn noch stärker erregt. Beim nächsten Mal habe er sich eines ihrer Kleider angezogen und dabei zum ersten Mal einen fantastischen Orgasmus erlebt. Voller Scham und Entsetzen versuchte er das Kleid der

Mutter zu reinigen und hängte es in den Schrank zurück. Aber Scham und Angst verschwanden bald, die Sehnsucht nach dem Erleben von Grandiosität und orgiastischen Gefühlen begleiteten ihn fortan wie ein Zwang. Alle seine Fantasien drehten sich von nun an fast ausschließlich um jene Momente, in denen er endlich wieder Frauenkleider tragen konnte.

Zunehmend wünschte er sich auch, nicht mehr nur die Kleider der Mutter, sondern auch Kleider anderer Frauen zu tragen, aus Angst vor Entdeckung, aber auch, weil dieser Reiz langsam zu schwinden begann. Er wagte es jedoch nicht, sich in einem Geschäft Kleider zu kaufen oder sie in einem Versandhaus zu bestellen. Darum sah sein Tagesablauf in der Regel so aus, dass er sich in sein Zimmer zurückzog. Um ihn herum lag eine Auswahl von Kleidern der Mutter. Er wählte sorgsam eines aus, änderte es um und war stundenlang damit befasst, sich extrem aufreizende Kleidung herzustellen und Schmuck und Schminke anzulegen. Dabei steigerte er sich in einen gigantischen Rauschzustand. Es kam zu Schweißausbrüchen, er atmete immer heftiger, die Erregung wurde immer größer und alles mündete schließlich in einen grandiosen Orgasmus. Schlagartig kam danach die Ernüchterung, ihn übermannte Schuld und Scham, und er schwor sich, nie mehr Ähnliches zu tun. Aber es war zur quälenden Sucht geworden, bereits am nächsten Tag wiederholte sich das Spiel. Dabei interessierte sich Sascha durchaus für Mädchen, erlebte sich eindeutig in einer männlichen Geschlechtsrolle und heterosexuell, konnte aber von seinen Fantasien und ihrer Umsetzung nicht lassen. Sascha sehnte sich nach einem Mädchen und einer Paarbeziehung. Aber seine Fantasien hinderten ihn daran, sich um ein Mädchen zu bemühen.

Saschas orgiastisches Spiel mit den Kleidern zog sich über Monate hinweg. Dann kam es, wie es kommen musste. Der Mutter fiel auf, dass sich Sascha jeden Tag in sein Zimmer zurückzog und dieses abschloss. Als er morgens in der Schule war, schaute sie nach und fand in einer versteckten Schachtel ihre völlig umgeänderte

Unterwäsche und Bekleidung, befleckt von Saschas Sperma. In einem rasch vereinbarten Gespräch teilte sie mir ihre Entdeckung mit. Sie fühlte sich, als sei sie Zeuge eines Verbrechens ihres Sohnes geworden. Ihr Ekel war grenzenlos, sie hatte sich beinahe übergeben müssen.

Der Zusammenhang zwischen Saschas vormaliger zwanghafter Angst vor verschmutzten Taschentüchern und den befleckten Kleidern der Mutter war unzweideutig. Seine Schuldgefühle und Scham waren unendlich groß, als ihn die Mutter mit ihrem Fund konfrontierte. Das Begehren des Jungen, Kleider zu tragen und sich auf diese Weise in der Fantasie mit der Mutter zu vereinigen, wurde zu unserem zentralen Thema in der Therapie. Die Zwangsgedanken und Zwangshandlungen waren inzwischen völlig verschwunden, sie hatten sichtlich dazu gedient, eine schlimmere Entwicklung zu verhindern. Sascha verbrachte auch weiterhin viel Zeit mit dem Nähen und Umändern von Kleidern und damit, sich herauszuputzen. Er litt entsetzlich darunter. Denn nach dem rauschartigen Orgasmus erlebte er jedes Mal die entsetzliche Ernüchterung und die Erkenntnis, sein Leben zu verschwenden und zu vergeuden. Vor allem begann er sich gegenüber seiner Mutter, die ja wusste, was er hinter verschlossenen Türen tat, heftig zu schämen. Er konnte ihr kaum mehr in die Augen blicken, insbesondere als er wahrnahm, wie sehr sie unter seinem Tun litt. Jetzt traten wieder Zwänge auf, in veränderter Form als Ängste, den Herd nicht ausgeschaltet zu haben, es könnte etwas abbrennen oder explodieren. Im Zuge dessen wurde Saschas Lust auf Verkleidung etwas geringer, und er bereitete sich auf das Abitur vor, das er – wie später sein Studium – trotz gelegentlicher Zwangsgedanken gut bewältigte.

Saschas Therapie dauerte beinahe zehn Jahre, sie wurde zum Schluss von ihm privat finanziert. Sascha wollte unbedingt von seiner ihn quälenden Sucht befreit werden, sein Leidensdruck war riesig. Am Ende besuchte er einen Tanzkurs und hatte zum ersten Mal Geschlechtsverkehr mit einer erwachsenen Frau. Zwar ekelte er sich im Anschluss, sie berührt zu haben, doch verringerte sich diese Angst von Mal zu Mal. Sascha war schließlich so gut wie frei von quälenden Symptomen, konnte eine dauerhafte Beziehung zu einer Frau eingehen, die von seinen Fantasien wusste und diese akzeptierte. Denn die Fantasien von den Frauenkleidern hatten sich nicht löschen lassen, doch hatte Sascha sich mit seiner Leidenschaft arrangiert.

Epilog

Sascha war mit seiner Mutter eng und inzestuös verstrickt. Damit sich keine psychotischen Zustände entwickelten, bildeten sich zur Abwehr schwere Zwänge. Bezeichnenderweise entstanden sie mit etwa 13 Jahren, also mit Beginn der Pubertät. Nach dem Tod des Vaters setzte sich Sascha unbewusst an dessen Stelle. Die Inzestproblematik verschärfte sich, eine Paraphilie entwickelte sich, die Fantasie, mit der Mutter sexuell verkehren zu können, blieb so erhalten. Doch dieser direkte Inzestwunsch löst gleichzeitig massive Ängste aus. Stellvertretend müssen darum die Kleider der Mutter für sie als Person stehen. In der Vergangenheit waren die Schuhe der Mutter, später ihre Kleider »Pars pro toto«. Wenn er sie trug, erlebte er das wie eine sexuelle Vereinigung mit der Mutter. Als grandioser Täter wurde er mit einem ekstatischen Orgasmus belohnt. Dieser Grundkonflikt besteht bei allen Paraphilien. Sie können sich dann entwickeln, wenn die Nähe zur Mutter zu groß ist und der Vater den Sohn zu wenig oder gar nicht schützt. Dies erklärt auch, warum fast ausschließlich Männer Paraphilien entwickeln. Treten sie bei Frauen auf, so waren diese in der Regel missbraucht worden.

Im Fall Sascha hatten wir es mit einem so genannten »Transvestitischen Fetischismus« zu tun, sexuelle Erregung wird aus dem Anziehen von Kleidern des anderen Geschlechts gewonnen.

Im Gegensatz zu Transgendern (oder Transidentitären) ziehen Jugendliche mit einer solchen Neigung die Kleidung nach Abklingen des Orgasmus wieder aus (bei Transidentität weicht die Geschlechtsidentität vom Zuweisungsgeschlecht ab). Die häufigsten Paraphilien, denen ich auch in meiner Tätigkeit als Kinder- und Jugendlichenpsychotherapeut begegnet bin, sind folgende: Pädophilie bezeichnet das primäre sexuelle Interesse an Kindern vor Erreichen der Pubertät, sie zerstört die kindliche Psyche am stärksten und darf niemals ignoriert werden, sie muss behandelt werden. Beim Voyeurismus werden unwissende Personen beim Entkleiden oder anderen Intimitäten heimlich beobachtet. Exhibitionismus ist eine Neigung zur Entblößung der Geschlechtsteile in Gegenwart fremder Personen des anderen Geschlechts. Jeder Mensch muss für sich entscheiden, ob er eine Paraphilie als krankheitswertig empfindet und unter ihr leidet.

22

Der Traum und der Tod

Auf einem Kongress unserer Berufsvereinigung habe ich Ilse kennen gelernt. Sie war damals Anfang siebzig, 1909 geboren, ich Mitte dreißig. Ein beträchtlicher Altersunterschied, dennoch freundeten wir uns an. Ich stellte rasch fest, dass ich Ilse sehr sympathisch war. Sie war im Grundberuf Kindergärtnerin gewesen, was zu jener Zeit noch für die weitere Ausbildung zum Kinder- und Jugendlichen-Psychotherapeuten anerkannt wurde. Es gab einige Kolleginnen wie Ilse, die den Beruf erst im fortgeschrittenen Alter ergriffen hatten, um ihrem Leben noch einmal zusätzlichen Sinn zu verleihen. Ilse erzählte mir, dass sie noch nie in ihrem Leben eine Beziehung mit einem Mann unterhalten hatte, und natürlich war sie kinderlos. Sie meinte, dass es nicht habe sein sollen. Ich spürte, wie sehr sie dieser Umstand traurig stimmte. Die ganze Liebe, die sie nicht in eine Familie hatte einbringen können, widmete sie ihren kleinen Patienten. Bis in ihr hohes Alter hat Ilse als Kinder- und Jugendlichen-Psychotherapeutin gearbeitet. Ich gehe davon aus, dass sie – wie manche ihrer Kolleginnen – eher aus dem Bauch heraus behandelte als gemäß strenger psychoanalytischer Lehre. Dennoch wusste ich, dass Ilse hilfreiche Therapien durchführte, auch wenn ihr Regeln wie Abstinenz und Neutralität eher fremd waren. Sie hatte ein sicheres Gespür, ausgewogene Distanz und liebevolle Nähe waren Selbstverständlichkeiten.

Mitte der 80er Jahre habe ich mein Buch über Kinderträume überarbeitet und bat befreundete Kolleginnen und Kollegen um Beispiele aus ihren Therapien. 1986 bekam ich von Ilse einen handgeschriebenen Brief. Sie wolle mir einen Traum anvertrauen, den sie selbst als Kind gehabt hatte und den sie noch niemandem erzählt hatte. Wahrscheinlich passe der Traum nicht in mein Konzept, ich könne ihn aber veröffentlichen, wenn ich das wolle. Damals war sie 77 Jahre alt – so alt wie ich heute.

Ilse schrieb: »Meine Eltern hatten ein Geschäft und waren erleichtert, dass meine Großmutter mich zu sich nahm. Ich wuchs in einer Großfamilie auf und musste lernen, mich gegen ältere Tanten und Basen zu behaupten. Andererseits wurde ich natürlich als Jüngste verwöhnt und verhätschelt. Ein einschneidendes Ereignis war der Tod meiner Großmutter. Ich kam zu meinen Eltern zurück, die ich kaum gekannt habe (obwohl mein Vater mir immer empört erzählte, sie hätten mich jedes Jahr besucht). Ich war damals etwa vierdreiviertel Jahre alt und verstand nicht, was mit mir geschah. Ich erinnere mich genau, ich schrie, ich will zu meinem »Muttchen«, lief weg, tobte durch die Wohnung, schlug an Türen, und am liebsten hätte ich alles kurz und klein geschlagen. Mein Vater reagierte mit Prügel. Als dann ein Vierteljahr später (ich war gerade fünf) meine Schwester geboren wurde, kam noch das neue Übel dazu. Ich fraß alles, was auf dem Tisch stand. Ich erinnere mich, dass ich mal ein Abendbrot für drei Personen in zehn Minuten verschlang und natürlich hinterher spuckte.

Heute ist es mir sehr verständlich, warum ich mich einem Nachbarsjungen in meinem Alter anschloss. Artur wohnte vier Häuser weiter, war das jüngste Kind und der einzige Junge unter vielen, wesentlich älteren Geschwistern, ein ruhiger, stiller Junge, ein zartes Kind, das viel weinte. Wir waren täglich zusammen, spielten, machten Dummheiten usw. Ab und zu kam noch ein gleichaltriges Mädchen dazu. 1915 – ich war inzwischen sechs Jahre alt – musste mein Vater einrücken, und meine Mutter nahm, sicher freudig, den

Vorschlag an, nach Berlin zu ihrer Schwester zu ziehen. Anfangs war ich begeistert, zu den geliebten Verwandten zurückkehren zu dürfen. Aber dann war ich viel allein. Ich wurde erst mit sieben Jahren eingeschult und hatte keine Spielkameraden gleichen Alters. Von den Älteren wurde ich wieder verwöhnt. Sicherlich dachte ich oft an Arthur und die Zeit mit ihm. Und dann träumte ich: Ich wollte zu Arthur. Ich hüpfte die Straße entlang, wie es die Mädchen so tun, und sah Arthur, er kam mir entgegen. Er war wie eine meiner Puppen angezogen, in einem lila Russenkittel mit Pluderhosen. Und dann das Erstaunlichste, er hatte keinen Kopf, sondern trug ihn unter dem rechten Arm, lächelte und löste sich in ein Nichts auf. Ich empfand keine Furcht, nur Erstaunen, und erzählte niemandem meinen Traum.

Ein paar Tage später teilte die Mutter uns mit, Arthur sei an Diphterie verstorben. Der Vater, ein Naturapostel, hatte sich geweigert, einen Arzt hinzuzuziehen, bis es zu spät war und selbst eine Operation Arthur nicht mehr hatte retten können. Er starb in der Nacht, in der ich den Traum hatte und den ich so erinnere, als sei er diese Nacht gewesen. Ich kam erst fast vier Jahre nach Kriegsende nach Oberhausen zurück. Bis dahin sind wir durch ganz Deutschland gereist. Eine feste Freundschaft hatte ich nie mehr. Ich war und bin sicher ein netter Kamerad, ruhig, aber doch fröhlich, tolerant und von Kind an sehr selbstständig. Den Wunsch und Drang, in der Welt herumzufliegen und Neues zu erleben, habe ich heute noch. Und der Traum hat mich nie losgelassen. Wie weit er mein Leben beeinflusst hat – ich weiß es nicht«.

Ich habe Ilse sechs Jahre später, kurz vor ihrem Tod, besucht und nochmals über ihren rätselhaften Traum gesprochen. Ilse war damals 83 Jahre alt. Sie glaubte nicht, dass sie zum Zeitpunkt des Traums hätte ahnen können, dass es Arthur schlechtgegangen sei oder dass ihre Mutter von seinem Tod hätte wissen können. Es war Ilses feste Überzeugung, dass Arthur während seines Sterbens intensiv an sie gedacht habe.

Wer sich mit Träumen befasst, begegnet immer wieder Erscheinungen, die ihn staunen lassen. C. G. Jung ging davon aus, dass telepathische Phänomene wesentliche Faktoren von Träumen seien und vermutete, dass bestimmte Personen besonders sensibel reagierten. Innere Bilder, die in einer Beziehung bei geistiger Nähe entstehen, können seiner Meinung nach von Mensch zu Mensch übertragen werden. Wie das neuropsychologisch möglich sein kann, wissen wir nicht. Ich betrachte mich als Naturwissenschaftler. Doch wenn ein nahestehender Mensch in Not ist oder gar lebensbedroht, denke ich intensiv an ihn. Ich gehe davon aus, dass diese Gedanken nicht nur mich beruhigen. Für meine Liebsten und Freunde zünde ich gelegentlich Kerzen in einer Kirche an. Das kann man magisch-animistisches Denken nennen und als Atheist belächeln. Ich glaube jedoch, dass mein nachhaltiges Denken vertrauten Menschen in Not helfen kann.

Niemand will beim Sterben allein sein. Haben sich im Traum der siebenjährigen Ilse wirklich Arthurs Todesängste niedergeschlagen? Oder hat Ilse im Traum Tagesreste und Trennungstraumata mit Schuldgefühlen verarbeitet? Ich weiß es nicht, aber vielleicht ist es gut, dass wir manches nicht genau wissen.

23
»Du kannst mich nicht verlassen, vorher töte ich Dich!« – Mörderische Partnerbeziehungen und narzisstische Wut

In den Jahren 2017/2018 wurden 413 Frauen Opfer von Tötungsdelikten, durch ihren Freund, Lebensgefährten, Ehemann, ihren früheren Partner oder andere Familienangehörige. Im gleichen Zeitraum wurden 196 Männer von ihren Frauen getötet (Pfeiffer, 2019, S. 116). Die Psychologin Elisabeth Müller-Luckmann hat einmal zugespitzt formuliert: »Die wenigen Frauen, die ihren Partner töten, tun das meist, um sich für immer von ihm zu befreien. Die vielen Männer, die ihre Frau umbringen, möchten diese dagegen für immer besitzen« (zit. n. Pfeiffer, 2019, S. 120).

Die Quellen für die folgende Fallsequenz sind neben Alexanders Briefen überwiegend Medienberichte sowie Gespräche mit Menschen, die Alexander gut gekannt hatten. Die Fallgeschichte ist für mich prototypisch für Partnergewalt, und ich werde versuchen, einige typische psychodynamische Zusammenhänge herauszuarbeiten.

Manche fragen mich, warum ich mit einem erbarmungslosen Mörder korrespondiere, denn seit mehr als einem Jahr führe ich mit Alexander einen sehr vertraulichen Briefwechsel. Er ist ein seelisch kranker Mensch, der das Recht auf Hilfe und Zuwendung hat.

Alexander hat mir seine intimsten Gedanken mitgeteilt. Dabei habe ich einen einfühlsamen jungen Mann mit vielerlei Interessen kennengelernt. Ich betrachte unseren Briefwechsel als eine Psychotherapie unter spezifischen Rahmenbedingungen und behandle darum selbstverständlich alle Aussagen Alexanders streng vertraulich. Einige wenige Sätze werde ich wörtlich zitieren, dafür hat mir Alexander die Erlaubnis erteilt.

Innerhalb von wenigen Sekunden wurden mörderische Fantasien in grauenhafte Taten umgesetzt, im selben Augenblick haben sie aber auch das Leben des Täters für immer zerstört. Für mich stellt sich die entscheidende Frage, wie es ein Mensch dauerhaft schafft, seine narzisstische Wut so im Innern zu bewahren, dass er nicht in ein mörderisches Handeln gerät, wodurch er zum ewig Schuldigen wird.

Tathergang

Alexander hatte mit seiner Freundin Christina und einem Verwandten den gesamten Samstag in einem Biergarten und in einem Club verbracht und viel getrunken – obwohl sie sich vorher getrennt hatten. Um 20 Uhr waren die Freundin und ihr Verwandter nach Hause gefahren. Von jetzt an zitiere ich Alexanders damalige Gedanken, wie er sie mir anvertraut hat. Es ist zu erkennen, wie immer wieder heftige Wut hochlodert, die er zunächst verbal zum Ausdruck bringen kann. Dann gerät er in einen nicht einzudämmenden Strudel von Affekten, die schließlich in Vernichtungsfantasien übergehen, noch beim schriftlichen Festhalten seiner Tat geriet Alexander in einen regelrechten Rausch:

»Im Biergarten hatte sie mit mir ein Bett-Date für den Sonntag ausgemacht und mich total angestachelt und heiß gemacht. Ich fing mit ihr das Nachrichtenschreiben an und drängte darauf, zu ihr zu fahren.

Dies tat ich dann einfach, hörte allerdings schon von Weitem, dass sie Besuch auf der Terrasse hatte. Ich kannte den Besucher, es war ein Bekannter aus ihrem sehr großen Bekanntenkreis. Sie saß am Tisch ihm gegenüber auf einer vier Meter langen Bank. Ich setzte mich zwei Meter neben sie, die beiden schauten kurz, wie ich um die Hausecke kam (völlig unerwartet). Mich setzte. Ich sagte ganz aufgebracht, bin da, brauchst mir nimmer schreiben (was sie gerade tat). Sie schrieb, dass Besuch da wäre und wer es sei. Ich war so wütend, dass sie nicht gleich und ganz klar geschrieben hatte (sie wusste, dass ich unterwegs war). Zum Beispiel: habe Besuch, kannst nicht kommen. Ich stürzte am Stück eine herumstehende Sprudelflasche hinunter, um meiner Trunkenheit entgegenzuwirken. Von beiden wurde ich kaum beachtet, von ihr überhaupt nicht mehr. Ich war brutal wütend, musste raus aus dieser Situation und wollte 'ne Runde laufen. Genau als ich am Auto vorbeilief, komm (fahr heim, sagte ich mir. Hinlegen ... weit weg). Auf der Fahrt hörte ich laut Musik und war auf Grund der inneren Raserei auch rasend unterwegs. Im Bett liegend, hatte ich zu viele Gedanken, aber einer beschäftigte mich total (nee, zu dieser dummen Sau fahre ich ganz sicher nicht, nimmer am Sonntagabend, was wir ausgemacht hatten). Weiterhin rasend vor Wut, und ich muss ihr das unbedingt (sofort) vorhalten. Wenn sie mir nicht mal sagen kann, dass sie Besuch hatte, ich kein Interesse mehr, auf ihr Fingerschnippen vorbei zu kommen. Diesmal war ich so sauer und nicht ..., wie beinahe immer ... wollte ich sie anschreien/konfrontieren. Es war ein Riesenfehler, dies nicht vorher getan zu haben. Zu wütend und irgendwie perplex/enttäuscht wegen ihres Verhaltens. Seither hats immer nur in mir gekocht, ich war es so leid. Ich platze in ihren Besuch, werde total missachtet und soll am nächsten Tag der Liebeskasper sein! Ich war so sauer, dass ich Sprachnachrichten auf der Heim- und wieder Hinfahrt verschickte (sehr beleidigende). Sie war sauer und hörte sich wohl nur die ersten an, weil sie ja Besuch vis a vis sitzen hatte. Sie hätte es nicht nötig, von mir beleidigen zu lassen (schrieb sie noch). Meine Rage wurde immer mehr (ICH) habe überhaupt nichts mehr nötig mit ihr. Dort wieder angekommen, ging kurz darauf der Besuch. Ich fragte natürlich völlig aufgebracht, warum sie nicht sagen könne, dass sie Besuch hätte? Sie müsse gar nichts, wir stritten über viele andere Dinge. Aber ihr immer wiederkehrendes ... Warum kommst du einfach vorbei. Ich schrieb es ihr sogar: Sie glaubte es erst nicht, dann dann sollte ich nicht kommen, ich war schon unterwegs und am Boden zerstört, dass diese Frau (nie alleine sein kann) ... hat mich ebenfalls wütend gemacht. Ihr Schreien und unaufhörliches ›Warum kommst Du vorbei‹ ließ in mir (wie einen Vorhang im Kopf) runter fallen und sagte mir, geh ins Auto (such, was Du finden kannst). In allen Autos hatte ich schon immer zur Sicherheit ein Rohr/Holz oder Baseballschläger dabei.« (Originalmanuskript, unkorrigiert)

Vor Gericht sagte Alexander später aus, dass es in diesem Moment bei ihm »abgeschaltet hätte«. Eine innere Stimme habe ihm befohlen, zum Auto zu gehen und ein Vierkantholz zu holen, das dort zur »Selbstverteidigung« lag. Mit dem Vorsatz, die ehemalige Geliebte totzuschlagen, ging er ins Haus. Mit diesem Kantholz schlug Alexander Christina ohne Vorwarnung von der Seite ins Gesicht und mehrere Male über den Kopf. Sie ging zu Boden, verlor aber nicht das Bewusstsein. Daraufhin holte Alexander in der Küche ein Messer mit einer Klinge von etwa zwanzig Zentimeter und durchtrennte der Frau die Kehle – wie er es bei den Schafen, die er züchtete, gelernt hatte. Er habe »sicher gehen« wollen, dass seine Ex-Freundin und ihre Tochter sicher sterben: »Niemand überlebt einen Kehlenschnitt!« Diese grausame Aktion nahm die Frau noch bei Bewusstsein wahr, wehrte sich aber vergeblich gegen die Attacke. Das bewiesen Schnittverletzungen an Hand und Arm. Alexander lief wiederum in die Küche, nahm ein anderes Messer aus dem Schubkasten und kehrte ins Schlafzimmer zurück. »Ich schaltete das Licht an. C., die Tochter, hat tief geschlafen.« Alexander stieg auf das Bett, schlug mit dem Holz auf den Kopf des Mädchens und durchtrennte ebenfalls die Kehle. Anschließend flüchtete er über den Gartenzaun.

Nach den beiden Morden fuhr der Täter wieder in seine Wohnung. Wenig später traf er sich mit einer Freundin. Beim nachfolgenden Spaziergang berichtete er ihr von der Tat. Daraufhin fuhr er in jenen Ort, in dem seine Noch-Ehefrau mit den beiden Söhnen wohnte, mit der Absicht, sie ebenfalls zu töten. Ihr hatte er vorgeworfen, ihn abzulehnen und durch das Scheidungsverfahren zu erniedrigen. Unmittelbar vorher ließ er aber von seinen Tötungsabsichten ab. Doch ganz verraucht war die Wut noch nicht, und er zerstach die Reifen des Autos seiner Frau.

Nach der Tat hat Alexander Textnachrichten an mehrere Bekannte versandt. Einem Freund hatte er seine Taten über Whats-App als »Amoklauf« beschrieben. Bei der Verhandlung vor Gericht bezeichnete er sich selbst als im Alltag »steuerungsunfähig«. Seine Erinnerung an die Zeit nach den Geschehnissen: »Ich war so leer mit wahnsinnig starken Schuldgefühlen und Unverständnis«.

Vorgeschichte

Alexander hatte die 41-jährige alleinerziehende Mutter im Februar 2020 in einer Disco kennengelernt. Eine romantische Liebesbeziehung war jedoch nicht entstanden. Er bezeichnete ihr Verhältnis lediglich als eine »sexuelle Verbindung«. Aus dem einstigen »One-Night-Stand« entwickelte sich zwar eine stürmische Beziehung, in der es aber schon bald wegen der problematischen Persönlichkeiten beider heftig kriselte. Von Anfang an kam es zu stürmischen Streitigkeiten, auch in der Öffentlichkeit. Die Frau störte sich am seltsamen, mitunter bizarren Benehmen ihres neuen Freundes. Alexander empfand solche Situationen immer als Demütigung, als Erniedrigung. »Sie hat mich manchmal zusammengeschissen wie ein kleines Kind.« Er habe sich »angegriffen« gefühlt, sei »stinksauer« und »tief beleidigt« gewesen. Es ist zu vermuten, dass die Frau mit ihrer ebenfalls problematischen Persönlichkeit Alexanders pathologischen Narzissmus noch befeuerte.

Wegen seiner »Egozentrik und der Neigung, den Partnerinnen seinen Willen und seine Vorstellungen von Ordnung aufzuzwingen«, waren bereits frühere Partnerschaften des Mannes gescheitert. Seine Noch-Ehefrau beschrieb den Vater ihrer Kinder als einen Menschen, der stets seinen Willen aggressiv durchsetzen wolle und bei jeder Kleinigkeit »in die Luft gegangen« sei. Auch eine andere ehemalige Freundin berichtete, dass er sich regelmäßig aggressiv gegen sie verhalten habe. Sätze wie »werde Dir die Fresse polieren« waren die Regel. Nach der Trennung von der Ehefrau hatte er in der ehemaligen gemeinsamen Wohnung die Möbel zertrümmert.

Lebensgeschichte, Persönlichkeit und Beurteilungen des Gerichts

Alexander war in einer Weingärtnerfamilie aufgewachsen und hatte eine Ausbildung zum Industriemechaniker absolviert. Seine Schwester teilte dem Gericht mit, dass er vom Vater sehr streng behandelt, oft auch geschlagen worden war. Einer ihm bekannten Frau hatte er kurz vor der Tat geklagt, dass sein Vater bis heute ständig an ihm herumnörgele. Darunter leide er sehr, manchmal fühle er sich richtig gedemütigt.

Alexander hatte mit seinem Vater in der gleichen Maschinenfabrik gearbeitet. Ein Jahr vor der Tat wurde ihm gekündigt. Sein Chef hatte ihm des Öfteren fehlende Ordnung und Sauberkeit vorgehalten, infolgedessen hätte er ihm »am liebsten eine Eisenstange übergezogen«.

Nach der Entlassung sei er nach Aussage seiner damaligen Freundin in eine »Überlastung« geraten. »Er war gedanklich überall und nirgends …« Die Freundin kümmerte sich um einen Therapieplatz in einer Klinik, wo er einen Monat verbrachte. Es ist nicht auszuschließen, dass sich die Wut auf den Vater auf seinen Vorgesetzten übertragen hatte.

Dem Täter wurde vom Gutachter eine leichte Persönlichkeitsstörung bescheinigt, auch stellte er fest, dass sich Alexander im Grenzbereich einer formalen Denkstörung bewegen würde. Zusätzlich attestierte ihm der Psychiater eine ausgeprägte Ich-Bezogenheit, einen Mangel an Empathie und von sozialem Gespür.

In der ersten Vernehmung hatte Alexander ausgesagt, dass er seine Freundin Christina und ihre Tochter töten und dabei ganz sichergehen wollte, damit sie nicht als »Pflegefälle oder Halbtote« endeten. Allerdings habe er nicht mit einer solchen Menge Blut und mit dem Umstand gerechnet, dass sich die Frau so massiv wehren würde. »Also, die Frau hatte eine Power, das war brutal«, hatte er bereits in der polizeilichen Vernehmung ausgesagt. Im Gerichtssaal waren die meisten über die Eiseskälte schockiert, mit der er über die Ausführungen seiner grausamen Taten sprach.

Die neunjährige Tochter C. habe Alexander, den neuen Freund der Mutter, als Eindringling erlebt. Zu Beginn der Beziehung habe sie sogar mit Mutter und Freund in einem Bett geschlafen. Kurz vor der Trennung habe die Mutter zu einer Freundin gemeint, dass sie Schluss machen müsse, um ihre Tochter zu schützen.

Das Landgericht Stuttgart verurteilte Alexander zur Höchststrafe: Lebenslange Haft mit der Feststellung der besonderen Schwere der Schuld, also mit anschließender Sicherungsverwahrung.

Alexander hat zum Schluss der Verhandlungen unter Tränen eine Stellungnahme verlesen. Er habe keine Erklärung für die Tat und bereue sie.

In einer früheren Verhandlung hatte er geäußert: »Ich habe das Schlechteste und Schlimmste gemacht, was man machen kann«.

Seine Taten hat er scheinbar mit der Gefühlskälte eines Psychopathen, jenseits von Moral und Über-Ich-Verboten, verübt. Ich nehme ihm seine späteren Schuldbekenntnisse ab: Nachdem Alexander aus dem narzisstischen Rausch erwacht war und die Realität wieder wahrnahm, erschrak und bereute er, was er getan hatte, vor allem, weil ihn die drohende Bestrafung ängstigte, nie mehr frei leben zu können. So erinnert sich Alexander heute an die getötete Geliebte: »Ich denke oft an diese einst so tolle Christina zurück, die Verletzungen muss ich aber weglassen, es tut einfach nur weh ... Ich war anfänglich die best behandelte Blume und wurde dann vertrocknet gelassen«.

Mögliche psychodynamische Zusammenhänge

Der Gerichtsgutachter hatte keine erblichen Belastungen feststellen können. Jedoch war der Großvater väterlicherseits lebenslang sozial auffällig. Er galt als hartgesottener Nazi. Im Ort war er bekannt für seine Kränkbarkeit, seine Wutausbrüche und der Neigung, andere zu beschuldigen. Als Kind hatte Alexander engen Kontakt zu ihm. Im fortgeschrittenen Alter erkrankte der Großvater und erhängte sich unter bizarren Umständen in seiner Scheune.

Die Umstände der Tat sowie die geschilderte Vorgeschichte lassen jedoch den Schluss plausibel erscheinen, dass die Tat vor allem vor dem Hintergrund der narzisstischen Persönlichkeitsstörung des Mannes und seiner enormen Kränkbarkeit erfasst werden kann. Die Folgen seiner Verletzlichkeit sind zum ersten Mal augenfällig geworden, als er von seinem Chef entlassen worden war. Er hatte sich von ihm gemobbt gefühlt, und die Auseinandersetzungen mit ihm als »Psychoterror« erlebt. Doch war der Chef mächtig und ihm überlegen, der spätere Täter reagierte dieses Mal noch nicht mit Wut, sondern mit schamerfülltem Rückzug und ließ sich in eine psychiatrische Klinik einweisen. Eine narzisstische Persönlichkeit mit einem schwachen Selbst wird erkennbar, das sich über Vortäuschung von eigener Grandiosität stabilisierte. Als eine solche Spiegelung misslang, folgte eine Depression. Hinweise auf seine extreme pathologische Kränkbarkeit waren in den Aussagen der meisten Zeuginnen und Zeugen zu finden.

Alexander hatte vor der Tat in kürzester Zeit heftige Kränkungen erfahren, dadurch wurde das Selbst des Mannes schwer erschüttert. Er war allein, ohne Halt und Sicherheit und vor ihm lauerte ein Abgrund.

Die Tat wurde innerhalb von wenigen Augenblicken ausgeführt. Heftige Gefühlsaufwallungen waren entstanden, als Alexander bei seiner Freundin ankam und einen Rivalen erblickte – über dessen Anwesenheit sie ihn nicht vorher informiert hatte. Möglicherweise wurden in diesen Augenblicken auch Wut auf den Vater und andere Autoritäten getriggert. Ein Container, gefüllt mit Zurückweisungen, Demütigungen und Kränkungen, Hilflosigkeit und Scham war im Laufe der Jahre gefüllt worden. Wenige Augenblicke und hemmungslose Grübeleien im Bett lieferten schließlich den Zündfunken dafür, dass sich die Inhalte des Containers blitzartig in unstillbare Wut und Rachsucht wandelten. Die Wahrnehmung verengte sich auf das mörderische Ziel, die Auslöser seines Leidens zu vernichten.

Der Psychoanalytiker Heinz Kohut (1913–1981) beschreibt Merkmale, die für die narzisstische Wut in all ihren Formen charakteristisch sind: »Der Rachedurst, das Bedürfnis ein Unrecht zu korrigieren, eine Beleidigung auszumerzen, mit welchen Mitteln auch immer, und ein tief eingewurzelter unerbittlicher Zwang bei der Verfolgung all dieser Ziele, der jenen keine Ruhe lässt, die eine narzisstische Kränkung erlitten haben« (Kohut, 2016, S. 227).

Wir müssen akzeptieren, dass in manchen Menschen Fantasien und Affekte entstehen können, die zu den schlimmsten Taten verleiten können. Thomas Elbert (Suttor, 2022) spricht von einer dunklen Triade, die fast immer bei Gewalttätern vorgefunden wird: Ein maligner Narzissmus, rücksichtsloses Gewaltstreben sowie psychopathische Tendenzen. Zumindest zwei Bereiche sind bei Alexander deutlich erkennbar. Vermutlich kann über diesen Täter auch gesagt werden, was der Kriminal-Psychiater Hans-Ludwig Kröber über Männer äußert, die Gewalt in Beziehungen ausüben: »Jeder Machtverlust wird als Kränkung erlebt. Einerseits brauchen sie dringend eine stabilisierende Beziehung zu einer Frau, können sich Beziehung aber letztlich nur als Unterwerfung vorstellen« (Füchsel, 2020).

Von großer Bedeutung ist ein weiterer Aspekt. Seine Klassenkameraden beschrieben Alexander rückblickend als einen Mitmenschen, der schon als Grundschüler in ständigem Streit mit anderen verwickelt war. Er galt als aufbrausend, reagierte unvermittelt mit Wut, Beleidigungen und Attacken. Selten konnte er Schuld bei sich selbst, zumeist immer nur bei anderen ausmachen. Er fiel auch auf, weil er Ausländer ablehnte und beleidigte. Hierbei ist zu vermuten, dass eine Identifizierung mit dem Großvater eine Rolle gespielt haben mag. Viele Merkmale einer entstehenden narzisstischen Persönlichkeitsstörung, die ihm später zum Verhängnis wurde, waren bereits im Kindes- und Jugendalter ausgeprägt, aber nie behandelt worden. Hätte eine rechtzeitige analytische Psychotherapie die Taten verhindern können?

Narzisstische Wut

Heinz Kohut beschreibt zum einen »konkurrierende Aggressionen«, die auf Objekte gerichtet werden, welche bei der Verfolgung eines Ziels behindern können. Sie enden, sobald das Ziel erreicht ist. Anders ist es seiner Meinung nach mit jenen Aggressionen, die auf Selbstobjekte gerichtet sind, die das Selbst beschädigt haben, also bei der von ihm so benannten narzisstischen Wut. Sie kann niemals befriedigt werden, auch nicht durch erfolgreiches Handeln, weil die

Verletzung bleibt und damit auch die Wut (2016, S. 200 ff.). Darum sind narzisstische Wut und Rachsucht unstillbar und unersättlich. Auf tatsächliche oder erwartete narzisstische Kränkungen antworten narzisstisch verwundete Menschen manchmal mit schamerfülltem Rückzug (Flucht). Die Alternative ist narzisstische Wut (Kampf). Dabei besteht der intensive Wunsch, eine passive Erfahrung in eine aktive zu verwandeln, und es wirkt der Mechanismus Identifikation mit dem Angreifer. Dann herrschen sadistische Spannungen vor, weil jene Individuen als Kinder oft erniedrigt und gequält worden sind. In einer Situation, die Scham auslöst, wird das einfachste Mittel gewählt: Dem anderen wird jene narzisstische Kränkung zugefügt, die man selbst am meisten zu erleiden fürchtet. Dies ist ein bei dissozialen Persönlichkeiten häufig ablaufender Prozess (vgl. auch Rauchfleisch, 1981). Narzisstische Wut kommt also dann auf, wenn die Kontrolle über das spiegelnde Selbst-Objekt verloren geht oder wenn es nicht verfügbar ist – oder sich trennen will! Im Grunde immer dann, wenn das Gegenüber einen eigenen Willen entfacht, der dem des narzisstischen Menschen entgegensteht.

Liebe sucht symbolische Verschmelzung, sie strebt ein harmonisches Aufgehen in den Blicken des Gegenübers an. Kohut hat in seinem Buch »Narzissmus« einen einzigartigen Satz formuliert, der trotz häufigen Zitierens nichts von seiner Eindringlichkeit verloren hat. Er spricht vom »Glanz in den Augen der Mutter« und meint damit jenen Stolz und das Glück, welche diese im Anblick ihres Kindes empfindet (1973a, S. 191). Was wertet einen Mann mehr auf, als die liebenden Augen einer Frau? Diese Situation ist wohl die intensivste Wiederbelebung der frühen Mutter-Kind-Beziehung. Welche Verlassenheitsängste, Enttäuschungen und sadistische Wut können andererseits entstehen, wenn sich die Augen abwenden und der Mann verlassen wird? Der narzisstisch verletzte Mann wird in der Regel entweder mit depressivem Rückzug oder mit narzisstischer Wut reagieren.

Wie entstehen narzisstische Störungen?

Kindern, die Enttäuschungen sowie Misshandlungen und Verletzungen erfahren haben, gelingt es nicht, ihr Größenselbst in eine stabile Selbstentwicklung zu integrieren. Sie flüchten immer wieder in grandiose Inszenierungen.
Judith Le Soldat machte im Rahmen ihrer Theorie der ödipalen Entwicklung bahnbrechende Entdeckungen. Sie beschrieb Situationen, in denen die Abwehrorganisation unter höchsten Druck geraten kann. In der Identifikation mit dem Aggressor wird dann jede Überlegenheit eines anderen verleugnet oder angegriffen, man neigt zur Überheblichkeit und Größenwahn. Das werde bei vielen Machthabern in Politik und Wirtschaft augenfällig (Fäh, 2021, S. 143). Auch Misogynie, der krankhafte Hass von Männern gegenüber Frauen, kann hier ihre Wurzeln haben: Die in allen Menschen vorhandenen Abwehrbildungen können individuelle und kollektive frauenverachtende Handlungen, kulturelle Normen und gesellschaftliche Strukturen begünstigen. Le Soldat geht davon aus, dass eine symbolische Kastration der Mutter durch den Sohn stattfindet. Erst danach macht der Sohn den nächsten ödipalen Entwicklungsschritt, den Objektwechsel hin zum Vater. Le Soldat: »Der Junge entwickelt eine herablassende Geringschätzung gegen die mutilierte (verstümmelte) Frau, begegnet ihr mit Hohn und Spott. Er fühlt sich ihr überlegen und leitet sich das Recht ab, sie zu quälen« (zit. n. Fäh, 2021, S. 193). Könnte hier ein Fixierungspunkt für spätere Frauenfeindlichkeit des Mannes zu finden sein? Und wie können solche Entwicklungen verhindert werden? Wenn bei – überwiegend – Jungen eine hohe Kränkbarkeit vorliegt, gepaart mit einer gestörten Affektbewältigung, muss unbedingt eine psychotherapeutische Behandlung stattfinden.

Narzisstische Persönlichkeitsstörungen kommen bei Männern wesentlich häufiger vor als bei Frauen, folgerichtig auch die narzisstische Wut. Außerdem externalisieren Jungen und Männer mehr als Mädchen und Frauen, schon deshalb, weil sie stärkere aggressive Impulse verarbeiten müssen als diese. Mütter können ihren Söhnen gegenüber zudem sehr ambivalent bis distanziert sein, was auch empirisch nachgewiesen wurde. Wenn dann noch der Vater zu wenig psychisch präsent ist und kaum Grenzen setzt, kann die Entwicklung von Affektbewältigung scheitern. Mädchen können Spannungen besser aushalten. Wenn sie in seelischer Not sind, flüchten sie vermehrt in Tagträumereien und Fantasien. Bei Jungen bleibt so gut wie immer ein Rest von Spannungsabfuhr in die Außenwelt erhalten. Jungen und Männer mit dissozialen und narzisstischen Persönlichkeitsstörungen neigen darum besonders dazu, Gewalt in Beziehungen und in die Gesellschaft zu tragen (Hopf, 2017; Hopf, 2019). Entwicklungen zu einer dissozialen oder narzisstischen Persönlichkeitsstörung verbergen sich nicht selten hinter der Diagnose ADHS. Solange man jedoch auf ausschließlich neurophysiologischen Ursachen beharrt, wird die Chance vergeben, komplexe intrapsychische und interpersonale Konflikte rechtzeitig aufzuarbeiten und die Weichen anders zu stellen. Traumata können in aller Regel nicht zum Verschwinden gebracht, aber sie können immer in ihrer Wirkung gemildert werden.

Schluss

In Zukunft muss unbedingt weiterhin erforscht werden, wie männliche Gewalt – vor allem gegenüber Frauen und Kindern – entsteht und wie solchen fatalen Entwicklungen, wie zuvor beschrieben, entgegengewirkt werden kann. Mich bewegt am Fall Alexander eine Frage. Es gibt viele Männer mit den zuvor beschriebenen seelischen Risiken. Nach Bausch erfüllen 1–3 % der Gesamtbevölkerung die Kriterien der Psychopathie-Checkliste. Die meisten dieser Menschen werden jedoch nicht straffällig, sondern finden sich in seriösen Berufen wieder, in denen solche Persönlichkeitsmerkmale sogar nachgefragt sind (Bausch, 2022, S. 279). Nur wenige Männer mit narzisstischen Störungen und Psychopathie werden zu Gewalttätern wie Alexander. Welche Geschehnisse müssen zusammentreffen, dass maligne Fantasien und narzisstische Wut solch schreckliche Taten nach sich ziehen?

Im Wohnort, in dem Alexander geboren und aufgewachsen war, herrschte nach Bekanntwerden der furchtbaren Taten Entsetzen, aber auch Verwirrung. Nach gängigen Kriterien war er bislang ein unauffälliger Mitbürger, er war Mitglied bei der Feuerwehr und im Geschichtsverein. Die Schlagzeilen der Zeitungen drückten die allgemeine Bestürzung mit Feststellungen aus, wie: »Die Tat bleibt unbegreiflich«, »Das Motiv beim Doppelmord bleibt rätselhaft«. Bausch hat eine Vermutung geäußert, warum es selbst perversen und sadistischen Psychopathen gelingt, unerkannt unter uns zu leben – man sieht es ihnen schlichtweg nicht an. Sie kommen als nette Nachbarn, sympathische Arbeitskollegen, engagierte Vereinsmitglieder und mitfühlende Helfer in der Not daher.« (Bausch, 2022, S. 282). Vielleicht liegt die einzig mögliche Erklärung in jener Äußerung, die Georg Büchner (2021) in seinem Drama Woyzeck getan hat: »Jeder Mensch ist ein Abgrund, es schwindelt einem, wenn man hinabsieht«. Horst-Eberhard Richter (2009) hat anlässlich des Amoklaufs in Winnenden von Tim K., der 15 Menschen und sich selbst getötet hat, von einem »Blick in den eigenen Abgrund« gesprochen: »Verstehen heißt nicht billigen. Man kann nur begreifen, indem man sich einfühlt und dabei etwas Eigenes entdeckt, was der andere widerspiegelt«.

Literatur

Bausch, J. (2022): Maxima Culpa. Jedes Verbrechen beginnt im Kopf. Berlin, Ullstein

Büchner, G. (2021): Woyzeck. Stuttgart, Reclam

Cartwright, R. D. (1982): Schlafen und Träumen, München, Kindler

Fäh, M. (2021): Trieb und Ödipus. Einführung in das Denken und Werk von Judith Le Soldat. Stuttgart-Bad Cannstatt: frommann-holzboog

Ferstl, M. (2022): »Wie in einem Film, aus dem ich keinen Ausweg fand«. Süddeutsche Zeitung vom 26./27. März 2022, Nr. 71, S. 12

Freud, S. (1900a): Die Traumdeutung, Studienausgabe Bd. II, Frankfurt a. M., 1972, S. Fischer Verlag

Freud, S. (1916/1917): Vorlesungen zur Einführung in die Psychoanalyse. Studienausgabe Bd. VIII, Frankfurt am Main, 1969, S. Fischer Verlag

Fromm, E. (1974): Anatomie der menschlichen Destruktivität. Stuttgart, Deutsche Verlagsanstalt, S. 221–227

Füchsel, K. (2020): Mitleid mit dem Ex ist fatal. https://www.tagesspiegel.de/Warum-toeten-maenner-ihre-frauen-mitleid-mit-dem-ex-ist-fatal/26621506.html.17.12.20

Heinemann, E.; Hopf, H. (2015): Psychische Störungen in Kindheit und Jugend. Symptome – Psychodynamik – Fallbeispiele – psychoanalytische Therapie. Stuttgart, Kohlhammer Verlag, 5. überarbeitete Auflage (Dieses Buch eignet sich zur vertiefenden Information bei allen Störungsbildern)

Hopf, H. (1981): Über die Ursachen von Gewalt gegen andere und gegen sich selbst bei Jugendlichen. Sendemanuskript, Südwestfunk II. Programm

Hopf, H. (2017): Angststörungen bei Kindern und Jugendlichen. Diagnose, Indikation, Behandlung. 4. erweiterte Auflage. Frankfurt am Main: Brandes & Apsel

Hopf, H. (2019): Jungen verstehen. Stuttgart, Klett-Cotta

Hopf, H. (2021a): Die Psychoanalyse des Jungen. 5. Auflage. Stuttgart, Klett-Cotta

Hopf, H. (2021b): Über die Verarbeitung von kollektiven Ängsten und die psychische Belastung der Kinder durch die Corona-Pandemie. psychosozial 44. Jg. (2021), Heft IV (Nr. 166) 29–41

Kohut, H. (1973a): Narzissmus. Frankfurt am Main, Suhrkamp Verlag

Kohut, H. (1973b): Überlegungen zum Narzissmus und zur narzisstischen Wut. Psyche – Z Psychoanal 27, S. 513–554

Kohut, H. (2016): Überlegungen zum Narzissmus und zur narzisstischen Wut. In: Kohut, H.: Die Zukunft der Psychoanalyse. 3. Auflage. Frankfurt am Main, Suhrkamp Taschenbuch Wissenschaft

Lutz, C. (2014): Adoptivkinder fordern uns heraus. Handbuch für Beratung, Betreuung und Therapie. Stuttgart, Klett-Cotta

Pfeiffer, C. (2019): Gegen die Gewalt. Warum Liebe und Gerechtigkeit unsere wichtigsten Waffen sind. 2. Auflage. München, Kösel

Rauchfleisch, U. (1981): Dissozial. Entwicklung, Struktur und Psychodynamik dissozialer Persönlichkeiten. Göttingen, Vandenhoeck & Ruprecht

Richter, H. E. (2009): »Blick in den eigenen Abgrund«. FAZ vom 21. 03. 2009

Suttor, R. (2022): »Jeder Täter war vorher Opfer«. Ein Gespräch mit dem Gewaltforscher Thomas Elbert. Stuttgarter Zeitung, Nr. 148, 30. Juni 2022, S. 16

Tschuschke, V. (2019): Psychische Störungsbilder bei Kindern und Jugendlichen: Eine kritische Bestandsaufnahme evidenzbasierter Diagnostik und Behandlung. Stuttgart: Kohlhammer (Dieses Buch eignet sich zur vertiefenden Information bei allen Störungsbildern)

Wildner, M. (2011): Grenzland. Frankfurt am Main, Fischer Taschenbuch Verlag

www.klett-cotta.de/fachbuch

Hans Hopf
Die Psychoanalyse des Jungen
464 Seiten, gebunden
ISBN 978-3-608-98325-8

Das Grundlagenwerk für die Therapie von Jungen

Bei diesem Buch handelt es sich um eine völlige Neubearbeitung des bewährten, seit 2014 in vier Auflagen erschienenen Lehrbuchs. Die Neuauflage trägt dem Wandel in Gesellschaft und Familie, den Auswirkungen der Digitalisierung und den neuen Möglichkeiten der Behandlung in den letzten Jahren Rechnung. Folgendes wurde erweitert und ist neu hinzugekommen:
- die Früherziehung in Krippen und Kitas mit den besonderen Folgen für Jungen
- neue Störungsbereiche
- die Auswirkungen der Digitalisierung auf das Lernen, Denken, die Symbolisierungsfähigkeit und die Persönlichkeitsentwicklung
- ein neues Kapitel über die seelischen Folgen von Krankheiten und Krankenhausaufenthalten

www.klett-cotta.de/fachbuch

**Hans Hopf
Jungen verstehen**
223 Seiten, kartoniert
ISBN 978-3-608-96191-1

Jungen: Was sie brauchen, was wir geben können

Anders als früher und eher als Mädchen haben Jungen es schwer, eine sichere Identität zu entwickeln und gefahrlos durch die heutige Zeit zu kommen. Eltern wissen nicht weiter, Lehrer:innen resignieren, Ärzt:innen verschreiben Medikamente. Die Leser:innen erfahren, wie wir Jungen optimal fördern können, was sie brauchen, um sicher durch die Kindheit zu kommen und wie sie seelisch widerstandsfähige und gesunde Erwachsene werden.

www.klett-cotta.de/schattauer

Gerd Rudolf
Therapeut werden
Eine psychodynamische
Lebensreise
160 Seiten, Klappenbroschur
ISBN 978-3-608-40191-2

Die Entwicklung einer psychotherapeutischen Persönlichkeit

Rudolf betrachtet sein Leben als ein Fallbeispiel, an dem erkennbar wird, wie eine Persönlichkeit entsteht und wie sie sich im Laufe des Lebens entwickelt. Auf seinem Weg wurde er vom Sensation Seeker zu einem der bekanntesten Psychotherapeuten im deutschsprachigen Raum und zum Wegbereiter der Operationalisierte Psychodynamischen Diagnostik (OPD). Wie kann es jemandem gelingen, nach einer unruhigen Kindheit und einer turbulenten Jugend, zur Ruhe zu kommen und eine Produktivität zu entwickeln, mit der er in der gesellschaftlichen wie beruflichen Gemeinschaft seinen Platz findet? An Rudolfs Reflexionen nimmt erneut die psychotherapeutische Nichte Anne aufmerksam mit klugen Fragen und Kommentaren teil.